希望之教育 和平之行进

——与马丁·路德·金的梦想同行

[日] 池田大作
[美] 文森特·哈丁　著

李佩　译

人民出版社

责任编辑:宫　共
封面设计:源　源

图书在版编目(CIP)数据

希望之教育　和平之行进:与马丁·路德·金的梦想同行/
(日)池田大作,(美)文森特·哈丁(Vincent Harding)著;
李佩 译.—北京:人民出版社,2020.9
ISBN 978-7-01-022346-9

Ⅰ.①希…　Ⅱ.①池… ②文…③李…　Ⅲ.①文化学
Ⅳ.①G0

中国版本图书馆 CIP 数据核字(2020)第 127205 号

希望之教育　和平之行进

XIWANG ZHI JIAOYU HEPING ZHI XINGJIN

——与马丁·路德·金的梦想同行

［日］池田大作
　　　　　　　　　　　　　　　著
［美］文森特·哈丁（Vincent Harding）

李　佩 译

人民出版社 出版发行
(100706　北京市东城区隆福寺街 99 号)

北京佳未印刷科技有限公司印刷　新华书店经销

2020 年 9 月第 1 版　2020 年 9 月北京第 1 次印刷
开本:880 毫米×1230 毫米 1/32　印张:8.5　字数:170 千字

ISBN 978-7-01-022346-9　定价:28.00 元

邮购地址 100706　北京市东城区隆福寺街 99 号
人民东方图书销售中心　电话 (010)65250042　65289539

池田大作

1928年生于日本东京，创价学会名誉会长，国际创价学会会长。曾任日本创价学会会长(1960—1979)。世界著名佛教思想家、哲学家、社会活动家。创立创价大学、美国创价大学、创价学园、民主音乐协会、东京富士美术馆、东洋哲学研究所、户田纪念国际和平研究所等机构。池田与创价学会致力于推动文化、教育、和平，1983年获联合国和平奖，1989年获联合国难民专员公署人道主义奖，1999年获爱因斯坦和平奖，并获多所世界著名大学的名誉学术荣衔，包括北京大学、清华大学、复旦大学、武汉大学、香港大学等。在中国获得的奖项有：中国艺术贡献奖（1989），中日友好"和平使者"称号（1990），"人民友好使者"称号（1992），中国文化交流贡献奖（1997）。

文森特·哈丁（Vincent Harding）

1931年生于纽约。丹佛伊利夫神学院名誉教授。曾获芝加哥大学历史系修士和博士学位。1958年与马丁·路德·金相识，共同为民权运动而战。1965—1969年任亚特兰大斯佩尔曼大学历史学和社会学教授。作为历史学家、撰稿人、人权运动家活动广泛，曾任马丁·路德·金纪念中心首任所长。现任旨在弘扬民权运动精神、培养后代青年规划项目主持人。主要著作有《马丁·路德·金：不合时宜的英雄》《希望与历史》《那里有条河：美国黑人要求自由的斗争》等。

目　录

序 一

对未来的美好"梦想",是照亮人生的"希望之光"。

贯穿正义之信念的"梦想",是鼓舞民众的"前进力量"。

走向人类共生的"梦想",是创造地球社会的"和平纽带"。

"我有一个梦想"……

与美国人权运动领袖马丁·路德·金博士携手并肩,高擎崇高之"梦想",并为梦想的实现贡献其人生者,是伟大的历史学家和人权运动家文森特·哈丁博士。

我第一次与哈丁博士邂逅,约在 20 年前。那一天恰好是旨在歌颂金博士功绩的美国法定假日"马丁·路德·金全国纪念日"①(1994 年 1 月 17 日)。

即使在金博士倒在悲剧的凶弹之后,哈丁博士依然作为其"灵魂之盟友",庄严继承金博士的精神,始终战斗不息。

---

① 自 1986 年起,美国将距马丁·路德·金博士的生日 1 月 15 日最近的 1 月份第三个星期一定为法定假日"马丁·路德·金全国纪念日"。

　　自见面的那一刻起，哈丁博士即与我情投意合。与践踏人之尊严的"偏见"和"邪恶"进行不屈不挠的斗争——我强烈感受到了博士作为崇高的人权斗士所发出的"灵魂之呐喊"。

　　伴着哈丁博士身边的，是著名和平和人权运动家、与博士并肩战斗的忠贞不渝的同志、现已故去的罗斯玛丽夫人那聪颖凛然的笑容。

　　金博士不顾自身生命为之奋斗的事业——那是打倒种族歧视、通过公民权法案、克服贫困、坚决反对战争和暴力的斗争。

　　金博士那思想深邃、饱含热情的目光，凝视着更加遥远的人类社会的无限未来。

　　这也是在此对谈中，哈丁博士时常谈及的"充满爱的共同体"的建构。我想，金博士的最终目的，是让世界上所有的人们跨越种族、肤色、宗教、语言等等差异，相互尊重各自的多样性，构筑起美好的充满人类之爱的"地球家族的纽带"。

　　我在对谈中曾阐述了大乘佛典《法华经》中的"不轻菩萨"——一位相信万人生命之尊严、无论何种境况之下皆不轻视他人，以自家性命履行尊重他人信念的行动者——的精神和人生。"充满爱的共同体"也可以说就是"充满尊敬的共同体"，"闪耀着生命尊严光芒的共同体"。

　　一般情况下，金博士多被介绍为"民权运动领袖"。但哈丁博士认为，只用"民权运动"一词来表述我们所致力的运动是不够的，因此提议将之称为"扩大民主主义的运动"。

这场"扩大民主主义的运动"，是一部凝聚了无数民众血汗与泪水的战斗历史。人们决不能忘却那些无名的勇士，况且这场运动是没有终结的。这是一场需要代代相承、年长者传给年轻者、永远传递、无穷且永不间断的斗争。

民主主义的扩大不是单纯的制度改革和仅靠少数政治领导人之手就能够得以实现的。其实现唯有每一个民众都能醒悟到自身和他人的尊严性，立足于真正的人类主义基础上，为建设更加美好的社会而共同奋起才行。

2013 年 1 月 1 日，是林肯总统正式签署《奴隶解放宣言》150 周年值得纪念的日子。

同年 8 月 28 日，是金博士在首都华盛顿林肯纪念堂前发表历史上著名演说《我有一个梦想》50 周年。

金博士以其生命代价发出的呐喊"梦想"，今天依旧意义犹然。这个"梦想"仍在鼓舞着身处苦恼的现代社会、面对种种困难却依然为"和平"与"人道"勇敢战斗着的人们。

只要没有失去"梦想"，"希望"就犹存。无论何种考验，面对何等暴风骤雨，只要胸怀"希望"，我等民众的浩大行进，就如同滔滔的正义大河，不容阻挡。

这浩大行进，就将伴随"我们必将胜利"的嘹亮歌声，勇往直前。

金博士遭遇刺杀终其宝贵生命的日子，是 1968 年 4 月 4 日。我接此悲报时，恰逢正在筹备数日后即将举行的创价学园第一届开学典礼和为三年后开学的创价大学的设立而奔走忙碌之际。作为一名佛法信徒，我献上了发自心底的哀悼和祈祷。

而后不久，金博士的遗著在日本发行，这些著作记述了博士那些坚定不移的信念的呐喊。"有一天我们必须明白：和平并不单纯是我们追求的遥远目标，而是到达目标的手段。我们必须以和平的手段追求和平的目的。"①

若想实现金博士所述的"以和平的手段"实施变革，最重要的是首先要推进旨在人们心中培养勇敢的非暴力精神的"教育"。

创价的主张"和平"和"人道"的民众运动，是一场永无休止的斗争，其成败完全取决于对担负这场运动重担的青年的培养。我因此把教育定位于我终生最重要之事业，为此倾注全部身心。

金博士逝去，已 45 星霜。博士的"梦想"，已实现些许？

倘若他依然健在，目睹当代的世界和美国，当会怎样说，怎样行动？

在对谈当中，我不时这样思索着，和哈丁博士继续着对话。

生活在 21 世纪的我们，有责任和负有从先人们伟大精神的斗争中不断学习，开拓崭新道路的使命。

---

① ［美］马丁·路德·金：《黑人的前进道路》，猿谷要译，サイマル出版会。

　　如本书能为在当代世界上，为正义与和平携手并肩勇敢前行的所有人们——尤其是肩负光辉未来的青年们——的心中点燃起勇气和希望的火焰、擎起一盏闪亮的明灯，作为对谈者之一，我将不胜喜悦。

（日）池田大作

序 二

在本对话录刊行之际，池田会长寄予了饱蘸深情的《序》。我为其中末尾一段文字所深深吸引。

"生活在 21 世纪的我们，有责任和负有从先人们伟大精神的斗争中不断学习，开拓崭新道路的使命。"

这段文字以简明易懂的语言，阐述了唯有池田会长才具备的想象力。由此我再次认识到，之所以我们之间虽地理位置相距遥远，但与会长的对话总能感觉无限喜悦的原因所在。对谈结束之后，会长这迫切的号召曾多次在我脑海里萦绕。对谈本身的结束，难道意味着这场对谈在真正意义上也结束了吗？我认为，只要我们生命尚存，池田会长与我的对谈，恐怕就会不断地变化着形式，永久地继续下去。

我的兄弟池田会长给我提示的实行"挑战"的机会，在此次对谈即将结束之时，真正到来了。曾经在 20 世纪的美国深入参与人权斗争的人们，结成了"全美长老会议"。成立这个组织的最大理由之一，就是要把我们为建立"更加完善的联邦"而战所积累的经验尽可能多地传达给年轻一代。

就在我们筹组"全美长老会议"时，面对美国社会不断扩大的贫富差距和与之相伴随的不公正的政治统治，新一代青年们团结而起，他们在纽约华尔街掀起了"占领运动"。担任运动组织者的青年们热切希望能与我们这些长老交流对话，以求能与我们分享经验，相互学习。

可以说，在某种意义上，这更像我们在和自己的孩子们做认真严肃的对话。这些青年们在此次（2012 年 10 月）席卷美国东海岸的飓风"桑迪"中向遭受巨大精神和财产损失的人们提供了时间和体力上的支援。此情此景，令我们这些长老甚感欣慰。

毋庸赘言，说到"我们的孩子"，我们最突出的孩子还不是参加"占领运动"的孩子们，他在白宫里。我记得曾与池田会长谈过：那个孩子——贝拉克·奥巴马总统，他于美国和世界的未来，蕴含着怎样的可能性。作为长老代的一分子、作为站在与总统同为非裔美国人的视点之上传授历史"故事"者，我在他身上感受到一种特殊的纽带关系，对他的动向十分留意。

第一任奥巴马政权期间，我对自己和他人都说过：在民主主义国家里，怀有"我们（合众国的）人民"才负有更大责任的信念是不可或缺的。偶尔我也给即可称之为"侄子"，也可称之为"弟兄"或"儿子"的奥巴马总统寄过书信。

奥巴马总统再次当选，但却面对着财政、政治方面的巨大难题。为了给这位"儿子"以勇气，前些天我给他写过一

封信。与以往一样，我在信中引用了总统自身曾说过的铿锵
有力的话语："我们来到这里，不是为恐惧未来，而是为建设
未来"。

我相信：既可称之为"侄子"，也可称之为"儿子"的奥
巴马总统在发挥"最好的自己"时，他会从心底相信这句话，
也会和我们共同去实践这句话。

由此我在信中写了以下文字：

儿子，你无须恐惧。你无须恐惧和穷人正面相对。
无须恐惧和他们，还有为重新创造我们的国家聚集而来
的、这多彩乃至美丽的形形色色的人们一道去创造新的
未来。

18 世纪最进步的"建国之父"托马斯·杰斐逊所
述的"再次重建世界的力量，就掌握在我们手中"①，大
概意思也与此相同吧。我同时确信，我们伟大的弟兄马
丁·路德·金在其晚年不停呐喊的"美国必须新生"，亦
意同如此。

我无从得知我们的"弟兄""儿子""侄子"奥巴马总统究
竟是否读到了我的书信。但我相信，我的兄弟池田会长向我、

---

① 　Thomas Paine, *Common Sense*, *Rights of Man and Agrarian Justice*,
texts selected, edited and annotated by Jessica Kimpell, Verso.

向所有人指出的"开拓崭新道路"，其所指向的，一定是这样的道路。

　　来吧，让我们迈出步伐。

　　　　　　　　　　　　　　　　　　（美）文森特·哈丁

第一章 民主主义的大地

一、民权运动的历史与精神

展开于美国的变革浪潮

池田 伟大的人权斗士、慈爱的教育家、美国具有代表性的历史学大家哈丁博士!

能够与您就 21 世纪的焦点"人权""和平"和"教育"进行对话,我从心底感到荣幸。

哈丁博士是马丁·路德·金博士[①] 衷心信赖的挚友,同时也是为民权运动[②] 并肩战斗的同志。

---

① 马丁·路德·金(小)(1926—1968):美国民权运动领袖。作为浸信会牧师之子,出生于佐治亚州亚特兰大市。莫尔浩司学院毕业后,在克劳泽神学院就读,获得牧师资格。后在波士顿大学神学系取得博士学位。领导了 1955 年公共汽车抵制运动等在全美开展的民权运动。不畏被捕入狱,坚持开展非暴力主义运动。1964 年规定废除种族歧视的公民权法成立,同年获诺贝尔和平奖。而后进行反对越南战争运动,1968 年在田纳西州孟菲斯市遭白人男性暗杀。

② 美国黑人为取消种族歧视要求获得宪法保障的各种权利而进行的群众运动。以 1955 年因拒绝在公共汽车上给白人让座的罗莎·帕克

期望您能多讲述些与金博士的回忆和插曲，并将通过人权斗争锤炼的信念、行动和哲学思想讲述给后代青年。

同时，为创造和平的地球社会，我们应该做些什么——我希望与博士共同思索和探讨今后人类应该选择的前进道路。

哈丁 现在，您给予我了一个回首金博士的生涯和我自己人生的机会。能够得到此次对谈的机会，我的无限感激之情，难以用语言来形容。我的女儿和朋友们强烈建议我进行这次对谈。

池田 让我们尽情畅谈吧！

金博士曾这样说过："人只有超越各自狭隘的、个人自身范围的藩篱，把心胸拓展到更加广阔的全人类问题的视角，才不枉然活于世间。"[1]

什么样的人才是伟大的人？既不是身居高位之人，也不是名人。只有那些为了"人的权利"、为被凌虐的民众之"幸福"，牺牲自我顽强战斗的人，才堪称是最伟大的人。

由此，对于不惜以生命代价为了人权和自由而战斗的金博士、哈丁博士、为数众多的伟大的人道主义斗士和勇敢的广大公民，我致以最大的尊敬。

斯被捕为该运动的导火索，马丁·路德·金遂领导开展了公共汽车抵制运动而闻名。运动在 60 年代蓬勃高涨，1964 年 7 月 2 日，废除种族歧视的公民权法成立。

[1] Coretta Scott King, *The Words of Martin Luther King Jr.*，（New York：Newsmarket Press，2008），p.17.

与不平等和歧视、贫困和暴力等社会邪恶的斗争，是一场永无休止的战斗。金博士为了这场斗争献出了生命。

博士那崇高的战斗历程，至今仍在给予正在为正义和人道而战斗着的人们以巨大的勇气和希望。

希望肩负着未来时代重任的青年们，能学习这些先人们不朽的信念、智慧与行动，从历史教训中汲取知识。希望他们能将这些镌刻于年轻的灵魂之中。

在这个意义上，我感到和博士的对话具有深刻意义。

哈丁　谢谢您，我的兄弟。

我也衷心期待着此次对谈。我认为，与池田会长的对话，是一次激发我的思考，使我对很多问题重新进行更深层次思考的绝佳机会。

人生既有"生"，亦有"死"。但我认为，当人在凝视个人之生死的同时，还必须考虑社会之生死。

在马丁·路德·金遭到暗杀40余年后的今天，我有一种强烈的预感，那就是美国社会正在逐渐产生着某种巨大的变革。

池田　这个巨大变革的象征，就是奥巴马总统①的登场。

---

① 巴拉克·侯赛因·奥巴马（小）（1961—　）：第四十四任美利坚合众国总统。生于夏威夷，其父为肯尼亚人，其母为美国白人。后父母离婚，因母亲与印尼人再婚而旅居印尼数年。大学毕业后曾任律师，后当选为伊利诺伊州议会参议员。2003年当选合众国参议院议员。2008年参加民主党总统竞选候选人获胜，2009年就任第一位非裔总统。同年获诺贝尔和平奖。2012年连任总统。

2008 年 2 月，在巴拉克·奥巴马总统作为民主党候选人有希望当选时，哈丁博士在接受日本《每日新闻》采访时曾这样说过："对支持者而言，奥巴马氏是新美国的创造者"，金博士说，"应该在为奥巴马氏的发展倍感喜悦。他定会感到，奥巴马氏的发展意味着他自己梦想的社会正在逐步到来。"①

2009 年 1 月，肩负着美国民众巨大期待的奥巴马总统诞生了。

博士是如何看待在美国不断扩大的这种变革浪潮的呢？

哈丁　在美国出现这种状况、即思考"奥巴马现象"的渊源时，我必须首先从马丁·路德·金以及和他并肩战斗的人们——自第二次世界大战后就在美国为"民权运动"这一民主主义的扩大而战的以数十万计的"普通"人谈起。

奥巴马氏的登场，是在民权运动高涨很久以后。可以说，这是当代青年们继承金博士和他的同志的意志，把投身于更为波澜壮阔的扩大民主主义斗争的机遇掌握在了手中——我认为，现在的美国正在沿着这样的预想前进着。

尤为感到高兴的，是奥巴马氏表达和强调了我们的努力目标"向着建设更加完善的联邦不断努力"。

由此，他在人们心中重新唤起了时常被遗忘的"合众国

---

① 《每日新闻》2008 年 2 月 24 日早报。

宪法序言"① 的精神，唤醒了人们对正义和变革的热情。

池田 宪法序言中朗朗讴歌着"我们合众国人民，为建立更完善的联邦"之建国理念。

2008 年 3 月，奥巴马总统（当时还是候选人）曾发表题为《更完善的联邦》的历史性讲演。在讲演中他明确将自己的使命定位为"担负起继承旨在构筑更加公正、公平、自由、充满关怀和繁荣的美国的行进的任务"。

他还号召要创造没有种族歧视的、更完善的美国。

自称为"出生于肯尼亚黑人男性和美国堪萨斯州白人女性之间，在世界三个大陆拥有不同肤色的兄弟和亲属"、强调种族和谐的总统的演说，深深打动了众多人们的心弦。

哈丁 是的。现在很多美国人或是完全忘却，或是根本不懂：我国的根本目的，不是制造更高性能的汽车和冰箱，也不是制造新型优质的炮弹。我们本来应该从事的事业，是建立"更完善的联邦"。

我为奥巴马氏提起这个问题、给年轻一代提供了找到值得他们为之献身的"有意义的事情"的机会而感到高兴。

只有这件事，才是自 20 世纪 50 年代至 60 年代以来，发生在美国的最重要事件。

---

① 美利坚合众国宪法制定于 1787 年。序言中阐述道："我们合众国人民，为建立更完善的联邦，树立正义，保障国内安宁，提供共同防务，促进公共福利，并使我们自己和后代得享自由的幸福，特为美利坚合众国制定本宪法。"

奥巴马氏认识到，他是马丁·路德·金和民权运动的接班人。他唤起了人们的记忆，民权运动并未因马丁·路德·金被刺杀和黑人的权利得到了法律上的承认而结束。

他的登场使人们意识到，只有建立"更完善的联邦"，才是正在进行中的事业，才是我们无论为了我们自己，还是为了国家，都应该去努力的事业。

我想，众多美国国民为奥巴马出马竞选而狂热，对他的主张予以理解，有可能会促使这个国度产生新的运动、即为使这个国度重生的崭新的运动。

池田　奥巴马总统号召的建立"更完善的联邦"的行进，不会只限于美国一个国家。争取实现伴随着社会正义的、真正意义上的"自由"和"平等"之胜利的斗争，也是整个人类的巨大课题和挑战。

只要世界上有一个国家的人民还在遭受歧视、凌虐和侮辱，我们就要为建立"更完善的'人类联合'"而奋勇直前。

金博士曾尖锐指出："无论非正义存在于何处，都是对正义的威胁。"[①]

佛法的源点也是与"对正义造成威胁之物"做不断的斗争，实现人的幸福和世界和平。因此，必须与造成人之不幸、威胁生命尊严的丑恶现象进行坚决的斗争。这就是我们 SGI

---

① 　Martin Luther King, Jr., *Letter from the Birmingham Jail*, Harper San Francisco.

（国际创价学会）关于和平和人权运动的根本理念。

可以说，这是一场永无休止的斗争。

"草根"民主主义

哈丁 您说得很对。我们有必要经常提醒奥巴马总统，虽然作为黑人的他当上了总统，但种族歧视并没有为此而根绝。

我们同时有必要经常提醒他，我们每一个人都必须从心灵深处铲除"偏见"之根；而且，物质主义仍然是美国社会最大的毒素。

金博士和与他并肩战斗的同志，始终在为把美国人民从"种族歧视""物质主义""军事优先主义"这三大黑暗中解放出来而不懈斗争。

我认为，我们需经常提醒奥巴马总统，要向着他所承诺的"做最好的自己"而努力，只有这一承诺得到了实际的发挥，才能体现金博士的理想和为民主主义的发展的运动。

然而对于奥巴马总统这样站在国家最高责任者地位上的人来说，要想向着"做最好的自己"而努力，是一件极其困难的事情。

但是我知道，他曾经担任支撑"草根"民主主义的"社区社会的组织者"，其间培养了"做最好的自己"的信念，曾与平民百姓共同奋斗，帮助庶民改变境遇。

我还知道，他的母亲严格教育他从幼年起就努力学习由黑人主导的旨在变革美国的运动历史。作为一名美国公民，无论是我们自己，还是总统，牢记"做最好的自己"的原点至关重要。

池田　今后时代最重要的关键词，就是"草根"民主主义。"庶民"和"社区"是一切之出发点。

1983 年，奥巴马总统从纽约哥伦比亚大学毕业后不久就迁往芝加哥。如适才博士所述，作为一名社区社会的组织者，他为提高人们的生活水平和社会福利而努力，与众多平民百姓同甘共苦。

现代社会要求领导人要努力"做最好的自己"，不断提高自我的水平。政治、国家、领导人，原本都是为服务于人民而存在的。我想，许许多多的人，他们都在对总统的行动和经验、对他立足于庶民的姿态寄予厚望。

博士，您可曾给奥巴马总统提出过某些建议吗?

哈丁　选举期间，我曾通过我们都认识的朋友，向他传递了以下信息:"如您如愿当选，希望您不要花太多时间去证明您作为'军事最高司令官'的资质。希望您无论对我们还是对您自己，都能显示出您作为'社区社会组织最高负责人'是最称职的。这件事对我们来说，是更加必要的。"

尽管我采取了幽默的说法，但所表达的皆为认真和真实的意愿。我在致总统的公开信中①，也反复强调了这种核心

---

① Vincent Harding, *Hope and History*: *Why We Must Share the Story of the Movement* (Maryknoll, N.Y. : Orbis Bookas, 1990, 2009), pp.190-230.

思想。

池田 合众国宪法赋予总统以美国军队"最高司令官"的地位和权限。但事实上，很多人并不期待看到奥巴马总统作为军队最高负责人指挥战争的形象吧。

哈丁 是的。我感觉"最高司令官"之类，是民主主义国家领导人不必要有的形象，因为这是一个独裁者的形象。

我所希望的，是他能专注于"社区社会组织最高负责人"的作用。军国主义之路，无论于国内还是国外，都会导致对社区社会的破坏——让人们理解这一点，是社区活动家应起的作用。金就对这一点理解深刻。

池田 社区是人们生活的基础，是培养民主主义的民众接触与团结的场所。国家主义推崇的所谓"我国民"或"我国"之类的口号，其实在割裂人们相互联系的纽带，削弱民众的力量。

伟大的教育家、地理学家的创价学会牧口常三郎第一任会长，在第二次世界大战中与残暴的日本军事政府的压迫进行斗争，因此被逮捕入狱，死于狱中。

牧口会长主张，每个人既是植根于所在社区社会的一个"老百姓"，也是隶属于国家的"国民"，同时又是以世界为人生舞台的"世界公民"。他强调同时具备这三种觉悟很重要。

也就是说，作为"老百姓"的觉悟，是指"珍惜人与人、人与自然的关系，作为公民社会的一员而生存"；作为"世界公民"的觉悟，是指"具备开放的人类意识和世界性视野，作为地球公民的一员而生存"。

牧口会长将不与国家的邪恶随波逐流、立足于"地域"（乡土）与"世界"定位为民众应有的坚定立场。

他还指出，无论在社区社会还是在国际社会，都应该互为"好邻居""好市民"，友好相处，加深相互理解，共存共荣。

和牧口会长同样经历过牢狱之灾的户田城圣第二任会长，活着走出监牢，继承师之遗志，在第二次世界大战后开始了"争取和平和人道的斗争"。

当金博士在美国南部地区开始人权运动的时候，我也在日本关西地区，和庶民一道掀起以佛法思想为基调的争取和平的时代变革运动。这是一场高呼民众是社会建设主角的"草根"运动。结果遭到了毫无根据的指责和中伤，还因不公正的压迫被冠以莫须有的罪名而遭到逮捕。尔后，经过漫长的审判斗争，终于取得了无罪判决的胜利。

我们之所以对金博士和哈丁博士的信念产生强烈共鸣，是因为我们始终贯彻反战的立场。

哈丁　希望奥巴马总统能够不断思考脱离军事优先主义道路。我同时希望，不仅为美国一个国家，他还能为世界共同体的建构倾注更多的力量。

我想，金的愿望也是如此。

我相信，只要奥巴马总统没有丧失"做最好的自己"的信念，他就是实现这一愿望的最佳人选。

但是，如果我们不助他一臂之力，总统是无法实现这一愿望的。追求民主主义者的责任，就是让总统和自己都牢牢铭记：战争、无人飞机、特种作战部队之类，它们既不是建设"更完善的联邦"之路，也不是马丁·路德·金之路。

池田　我很理解。

金博士把世界比喻为"一个大家庭"，他曾这样说过："虽然这个家庭在观点、文化、利害关系诸多方面大相径庭，但它们之间绝无可能分拆而居。因此，他们必须学会怎样和平相处、以同志关系共生。"①

我们必须要像金博士所说的那样，学习既往的历史，向着和平共生的道路前进，再也不能让愚蠢的战争重演。

哈丁博士出生于 1931 年，金博士出生于 1929 年。我是 1928 年出生的，我们都出生于战争年代。

为东西冷战画上句号、冷战一方当事人、前苏联总统戈尔巴乔夫②出生于 1931 年，他在和我的对谈中强烈阐述道："正因为我们是'出生在战争时代的孩子'，因而更有责任揭露

---

① ［美］马丁·路德·金：《黑人的前进道路》，猿谷要译，サイマル出版会。

② 米哈伊尔·谢尔盖耶维奇·戈尔巴乔夫（1931—　）：原苏维埃联邦首任总统（1990—1991 年在任）。1985 年任共产党中央总书记。推进改革和公开性，为终结冷战而尽力。1990 年获诺贝尔和平奖。与苏联解体同时辞去总统职务。后设立财团，致力于世界环境与和平问题。曾出版与 SGI 池田会长的对谈录《二十世纪的精神教训》。

战争之愚蠢、非人性和无理性。"①

我们这一代经历过悲惨战争的人，有权利祈求和平，同时也担负着对未来的巨大责任。从这个意义出发，我想在后面的对谈中能够就和平这一主题进行详细的交流。

刚才博士在谈到美国社会的课题时指出，时至今日，"种族歧视"尚未根绝。博士认为，与您青年时代相比，现在在这方面是否有些新的变化呢？

美国的理想与现实

哈丁　一言以概之，这种变化就是"移民的流入"。有色人种正在以庞大的数字增加，其所占比例在增大。"有色人化"是第二次世界大战刚结束时和现在的美国发生的巨大不同。

池田　的确，第二次世界大战以前流入美国的移民主要来自欧洲，而第二次世界大战以后，亚洲和拉美地区的流入在迅速增加。

我听说，早在 2007 年的时候，非白人人口（非裔、西班牙裔、亚裔等）就已突破 1 亿。

在 3 亿的总人口当中，非白人人口所占比例为三分之一，可以预想，随着西班牙裔移民的增加，这个比例还要加大。

哈丁　是的。在 20 世纪 60 年代以前，美国受白人至上主

---

① 池田大作与 M.S 戈尔巴乔夫对话录《二十世纪的精神教训》上集，圣教新闻社。

义影响，制定了限制有色人种流入的移民法①，后来受民权运动的影响，于1965年制定了新移民法②，这个法律解除了对人种的制约。

民权运动的主要推进者是生长在美国的黑人，但这场斗争也为其他有色人种移民美国开辟了道路。

我认为，这是在我们今天摸索如何建设"由丰富多彩的人种构成的崭新美国"的方法时，应该回顾的重要历史。原因是由于我们这些非裔美国人和与此相关的同志的存在，才得以奠定了这个国家崭新的特质，就是最新的国势调查所显示的，美国是一个多人种国家，而有色人种正在逐渐形成新的多数派。这要求无论是非白人还是白人，都要重新思考我们究竟是谁、我们在这个崭新的国家里能够起到哪些新的作用。这种思考需要极大的勇气、创造性和想象力。这要求人们去做根本性的重新思考。或许这对任何人来说都是一件困难的事情，但我们必须参与这项重新描绘美国的蓝图、进行再创造的工作。

池田　我很理解。

人民诗人惠特曼③曾这样讴歌美国的理想：

---

① 关于移民和取得美利坚合众国国籍的法律，1875年首次制定。
② 1965年修改。废除种族歧视与根据出身国比例分配的规定，为现行移民法的基础。
③ 沃尔特·惠特曼（1819—1892）：美国诗人。曾任排字工、报社记者等，同时创作诗与小说。终生不断增补和改订其诗集《草叶集》。以自由体讴歌人类赞歌，给美国思想和文学以巨大影响。

来，我要创造永不分解的大陆，

我要创造太阳自古以来照耀过的最壮丽的民族，

我要创造神圣的充满魅力的陆地，

带着同志的爱，

带着永世不渝的同志爱。①

惠特曼是我青春时代反复诵读、最喜欢的诗人。

南北战争②的爆发、奴隶制度的废除、林肯③总统的被暗杀，目睹着怒涛澎湃的时代激流，惠特曼讴歌了以友情结合在一起的"新种族"所揭示的民主主义理想，对此寄托了他的希望。

我的众多的美国朋友，也把这位伟大诗人的理想当作他们自己的理想。

哈丁　我也是从很早起就喜欢惠特曼。他的魅力之一，大概就是他具有很好的讴歌这个国家的"民主主义之可能性"的

---

① ［美］惠特曼：《草叶集》（上），酒本雅之译，岩波书店。

② 发生在美利坚合众国的内战（1861—1865）。主张奴隶解放、以工商业为中心的北部与维持奴隶制、以农业为中心的南部相对立。这场战争的起因为美国南部十一州以奴隶解放论者林肯就任总统为由而陆续退出联邦而开战。后因北部取得胜利，南北重获统一，奴隶制被废止。

③ 亚伯拉罕·林肯（1809—1865）。第十六任美利坚合众国总统。1860年作为共和党候选人参加竞选当选总统。反对扩大奴隶制，南北战争中，于1863年进行奴隶解放宣言。同年在葛底斯堡发表著名演说《民有、民治、民享的政治》。1865年，在观剧时遇刺。

能力。他对美国作为民主主义国家得以发展的可能性深信不疑。

他还强烈主张，唯有建设民主主义的艰苦努力，才是这个国家最应该关心的重大事项。这一事业的一环是共享其历史，在此基础之上理解"现在"，展望"未来"。

若谈及民权运动的历史，我就必然要谈到它那漫长、残酷、屡屡被鲜血染红的历史。即使是在奴隶制被废止、合众国宪法第十三条修正案①获得批准之后，仍然不知有多少生活在 19 世纪下半叶的黑人们无时无刻不在为唯恐奴隶制复活而恐惧和不安。

之所以这样说，是因为非裔美国人十分清楚，对当时美国社会很多白人来说，他们生存在黑人不是奴隶的国度里是一件无法想象的事情。换言之，就是于白人而言，丧失白人的权利、白人的统治、白人的优越这些显著的"符号"乃至"象征"，这个国家就是不正常的。

池田 这个象征就是自南北战争前至 1964 年存在于美国南部诸州的所谓被称作"吉姆·克劳法"②的歧视性法律吧。

---

① 1865 年成立。该条规定"在合众国境内受合众国管辖的任何地方，奴隶制和强制劳役都不得存在，但作为对于依法判罪的人的犯罪的惩罚除外。"（参照美国驻日本大使馆网页［翻译文书]）
② 美利坚合众国南部各州对有色人种实行限制使用设施的种族隔离制度的法律总称。虽然对其不公正性进行过审判斗争，1896 年联邦最高法院以"虽分开但是平等"，作出并非种族歧视的判决。第二次世界大战后，由于民权运动的高涨，于 1964 年公民权法成立，吉姆·克劳法被废止。

南北战争结束后，于 1875 年制定的公民权法规定，在饭店、公共交通工具等公共设施场所禁止歧视。

然而在此之后，南部诸州纷纷制定了允许在公共场所施行歧视的反动法律——"吉姆·克劳法"，甚至连联邦最高法院都于 1896 年作出过允许种族歧视隔离的判决。自那时起，与这种歧视的社会制度展开的激烈斗争始终方兴未艾。

哈丁　是的。由此，3K 党等形形色色的恐怖集团，开始把决心拒不接受复活奴隶制度的黑人们作为袭击目标。

于是，在试图维持白人明确的统治和优越地位的白人社会和与此相对抗、渴望更大的自由、决心获得作为原本就是"美国人"的权力、不断追求作为独自的"美国人"的定义的人们——黑人社会之间漫长而持久的斗争历史就由此而不断地被谱写着。

金生长在白人与黑人之间的抗争最为显著、而黑人们为创造"更完善的联邦"而奋斗最为激烈的地区。

池田　是佐治亚州的亚特兰大市吧。那里曾是成为南北战争激战之地的南部中心城市，也是严重的种族歧视暴力横行的地区之一。

金博士作为浸信会① 牧师之子在亚特兰大市长大。

---

①　为基督教的派别之一。17 世纪成立于英国，后广泛传布于美国，为该国最大教派。重视自由信仰，否定婴儿洗礼，进行全身浸水的"浸礼"。

　　他从黑人名牌大学莫尔浩司大学毕业后，进入宾夕法尼亚州神学院，后继承父业做了牧师。尔后获得波士顿大学神学博士学位后不久，即在南部地区投身于民权运动。

　　据说金博士曾对友人哈维·科克斯① 博士表露说："我其实本想做一名神学和宗教学教授。"② 但金博士勇敢地选择了严酷的民权运动之路。

　　哈丁　是的。我之所以对金十分钦佩，其最大理由之一，就是他已经完成了波士顿大学博士课程，取得了在北部任何一个州舒适且具规模的教会担任牧师的资格，但他偕科雷塔夫人毅然返回南部，致力于故乡的变革。

　　即使在奴隶制度废止之后，南部的黑人们依然为实现真正的自由进行了漫长、艰苦的斗争。那些底层的黑人们之所以对金满怀感激之情，亦出于这样的背景。

　　看到奥巴马总统，我如此想到：不仅能够把奥巴马总统与奴隶制度的废除和民权运动联系在一起，还可以把他融入迄今为止美国漫长的流血的历史，而这一点极其重要。从他的家族史中，我们可以清楚地看到这一点。

---

①　小哈维·G. 考克斯（1929—　）：美国宗教学家。曾历任哈佛大学应用神学系主任等职务。为马丁·路德·金之友，曾参加民权运动。主要著作有《世俗城市》《到东方去》等。另有与池田 SGI 会长的对话录《关于二十一世纪的和平与宗教》。

②　[美] 哈维·考克斯、[日] 池田大作：《二十一世纪的和平与宗教》，潮出版社。

　　试想，当年他的父母相知相爱时，假若其所在地（不是夏威夷）是其他哪个州的话，很可能他们的婚姻不为法律所允许，甚至连相爱都会引来杀身之祸。

　　我们断然不容忘记的，是直至第二次世界大战之后，我国曾存在过这样的现实。

　　池田　奥巴马总统出生于 1961 年，彼时正逢民权运动高涨、越南战争① 战火纷飞的时代。

　　金博士在华盛顿大游行② 时发表著名演说《我有一个梦想》，是 1963 年 8 月。然而仅时隔数周之后，阿拉巴马州伯明翰的浸信会教堂就遭到炸毁，夺去了 4 名少女的宝贵生命。华盛顿大游行 3 个月后，肯尼迪③ 总统被暗杀。

① 在越南分割为南越和北越情况下，由北越、越南南方民族解放阵线与南越政权之间的内战而爆发的战争。20 世纪 60 年代战争激化，1965 年支持南越政权的美国开始轰炸北越。与此同时苏联支持解放阵线，战争呈现以东西冷战为背景的代理战争状态。战况遂陷入泥潭化，以美国为首的世界各地兴起反战运动。1975 年南越政权首都西贡陷落，在北越主导下南北越南获得统一。

② 1963 年 8 月 28 日，在美利坚合众国首都华盛顿特区举行的要求废除种族歧视的游行。约有 25 万人参加了该游行。马丁·路德·金在林肯纪念堂前做了历史性的讲演《我有一个梦想》。

③ 约翰·菲茨杰拉德·肯尼迪（1917—1963）：美利坚合众国第三十五任总统。1946 年 29 岁时竞选众议员获胜。参议员时代于 1960 年以民主党候选人竞选总统当选。其间推进了被称之为"新边疆政策"的改革，规避了古巴危机，开展旨在缓和东西方冷战的外交。此外，还对马丁·路德·金等人的民权运动表示理解。1963 年在游说地得克萨斯州达拉斯市遇刺身亡。

在暴力甚嚣尘上残酷黑暗的时代，金博士发出勇敢之呐喊："我要说，我现在依然怀抱着梦想。原因不言而喻，只要生命犹存，我就不能放弃。"①

我认为，金博士这种顽强不屈的信念的力量——只有这种敢于战胜一切困难的希望的力量，才是现代世界最需要的东西。

哈丁博士您也说过："对我们来说，恢复希望，才是最大的挑战。"对此我完全赞同。"希望"即是力量。只要怀着希望去奋斗，定能开创出道路，定能打开崭新的历史之门。

哈丁　我对今后的美国，感觉到众多的希望和可能性。美国要选择的道路，应该是新的开拓之路。

在此我们应当扪心自问的是，我们是否有开拓这样的道路、并在这样的道路上阔步而行的精神准备和决心，以及能否最大限度地活用这样一条崭新的道路。

危机和机遇总是同时共存的，我们现在与它们同时相遇。现在正是与当前的课题正面相对的绝好时机。由此，我对自己，对我的学生，对许许多多的人们，对总统，都在反反复复地发出召唤："为开创和铺设通向'更完善的联邦'之路，让我们倾注最大的智慧和气力。"

---

① ［美］马丁·路德·金:《良心的号角》，中岛和子译，美铃书房。

二、社区社会是民主主义的基石

难以忘怀的母爱

池田　哈丁博士曾多次光临访问美国创价大学（SUA），作为创始人，我在此致以衷心的感谢。

博士是和平和人权的"行动的智者"，能够迎接您的来访，实为一件具有深远历史意义的事情。博士的著名讲义自不必说，您那质朴的为人，给学生们带来了发自内心的喜悦。"真正的民主主义始于对话"——博士讲述人道之哲学与信念时的炙热激情，令他们深受感动。

哈丁　谢谢。

我访问美国创价大学，目的是为了更加明确地了解池田会长的思想和真情。我想，欲达此目的，到饱含着会长的梦想和希望的美国创价大学去是最合适不过之举了。承蒙诸多支持，我受到极大的激励，汲取了力量。

池田　这令我感到非常高兴。

今后请您继续光临本校。对于学生们来说，您给他们带来的，是巨大的启发。与博士的对话，我是怀着包括美国创价大学学生在内的众多青年也在同时参与着的意识来进行的。

美国拥有悠久而宝贵的人权斗争的历史。在当今迎来重大转折的时刻，如何使多民族的人们融为一体、使社区社会走向和谐，博士对新的领袖奥巴马总统寄予着厚望。

哈丁　是的。我认为有一点对奥巴马总统最为重要。那就是作为一名黑人，他应该成为迄今为止黑人所体验过来的对美国这个国家的"历史见证人"。

与此同时，成为美国历史上第一位黑人总统，不过是作为总统的一个侧面而已。我真正期待的是，奥巴马氏能与社区社会相协作，成为能让所有美国人、特别是最贫穷、最被蔑视的人们的生活水平得到提高的第一位总统。

池田　博士希冀之深切，令人深刻感怀。

以社区社会这一共同体为基石，把多民族和不同文化背景的人们以及不同经济状况的人们联结在一起——只有这才是民主主义的坚固基石。

距今约 180 年前，对美国进行了考察旅行的法国政治思想家托克维尔① 在其名著《论美国的民主》中这样写道：

> 假若美国感到有必要并遭遇了大革命，那一定起源于置身于美联邦的黑人的存在。换言之，就是如果在那里产生大革命，其原因不是由于地位的平等，而是由于地位的不平等。②

①　阿历克西·德·托克维尔（1805—1958）：法国政治思想家。1831 年至翌年前往美国考察旅行，著有政治学古典名著《论美国的民主》。后作为政治家活跃于政坛，曾任外长。

②　[法] A. 托克维尔：《论美国的民主》（下），井伊玄太郎译，讲谈社。

托克维尔所看到的，是奴隶解放前的美国。他洞察到，那些生活在美国倍受压抑的民众，将在不久之后对社会的不平等进行强有力的变革，而伟大的革命就将从中诞生。

总之，美国首位黑人总统的登场，掀开了新的历史篇章是确定无疑的。

哈丁 是的。我认为，若想实现真正的民主，需要所有辈分的人都能重新审视一切，进而逐一实施改革，对所有都进行重新的构筑。

独立宣言的起草者、第三任总统托马斯·杰弗逊① 曾经警告说，对民主主义的实验是不完整的实验，因为除了那些成为实验台的人们以外，其他人是无法改善民主主义的。

只有这才是赋予我们的巨大责任。奥巴马总统已经踏上了追寻民主主义的征程。有一件事是明确的：把他选为领袖的，是我们美国国民。

这意味着：人们能否永远站在奥巴马一边；能否与奥巴马一道奋起；能否推动奥巴马、拥抱奥巴马、挑战奥巴马；能否为奥巴马实现自身之使命，给予他必要的一切；能否与奥巴马共同铭记我们的真正使命并且持之以恒。我们必须扣心自问。

---

① 托马斯·杰弗逊（1743—1826），第三任美利坚合众国总统。1776年起草了美国独立宣言。先后担任美国第一任国务卿、副总统，1800 年在总统竞选中获胜。总统在任期间从法国手中购买路易斯安那州，为合众国的发展而尽力。卸任后为弗吉尼亚大学的设立作出贡献。

奥巴马总统是作为为履行创造"更完善的联邦"这一美国的历史使命的领袖和督励者，受民众推举而当选的。追其究竟，我们应该十分清楚，民主主义实现与否，与每一个民众息息相关。

池田 掌握着民主主义这把钥匙的，是民众的意志和行动。要想使社会和国家向着正确的方向发展，在于其支撑力量的民众是否贤明，是否团结。

金博士曾尖锐指出："假如个人成为社会的非真正参与者，丧失对社会的责任感，民主主义就会空洞化。"[1]

民主主义的实现，在于每一个优秀的人的意识变革。金博士所言，其意义不仅限于美国，这是对构筑未来新世界提出的重大课题。

哈丁博士出生在20世纪30年代世界大恐慌最为严重时的纽约，您是饱尝着庶民的悲欢坚强成长起来的。

请问您年少时对家庭和亲人有哪些难以忘怀的记忆？

哈丁 在我4岁以前，父母是生活在一起的，但不久之后他们就离婚了。从那以后，母亲一个人把我这个唯一的儿子抚养成人。

按照现在的说法，我们母子俩的生活属于"贫困"状态，我们享受政府最低生活保障。母亲除了做保姆、饭店的佣人，还承揽为周边邻居家洗衣等活计来维持生活。从我记事起，母

---

[1] 《良心的号角》。

亲就在终日拼命劳作。为了把我养育成人，母亲付出了她所有的力气、慈爱和智慧。

母亲明确表示了她对我报以怎样的期待，多么盼望我的成长。在 20 世纪 20 年代移居美国之前，母亲生长在西印度群岛的巴巴多斯岛上一个贫瘠的村庄，她只受过中学二年级的教育，没读过高中。她竭尽全力要为我提供受教育的机会，为此什么苦活她都不辞辛劳。另外，在纽约哈雷姆的生活对我的人生极其重要，我们从一个小基督教会教堂① 成员那里得到了很多心理和精神上的关怀。这些都是我应当在此提到的重要事情。

池田　她是一位伟大的母亲，崇高的母亲。能满怀感激和自豪之情讲述您母亲的辛劳，博士有着一颗高尚的心灵。

看到博士如此出类拔萃，您的母亲该有多么自豪！博士的胜利，是一位伟大母亲的喜悦和胜利。

哈丁　谢谢。

我现在依然清晰地记得孩提时代租住在哈雷姆的家。房东是一位小教会的牧师，我们租住的那座房子本身就是一座"家庭教会"。母亲每周都参加礼拜集会。

在我们居住家庭教会时代，有件事成为母亲的美好记忆。

有一年快要过感恩节了，美国很多家庭通常在这个时候会准备很多美味佳肴，而我们不具备奢望这些的条件。

---

①　The Victory Tabernacle Seventh Day Christian Church.

但是那一年感恩节的前一天晚上，一位善良的社会福利指导员给我们送来了感恩节套餐。

母亲喜出望外，似乎想让这件事镌刻在我年幼的心灵里，她温柔地对我说："上帝眷顾我的孩子，上帝决不会抛弃我们。"

池田　我很感动。

这句充满母爱的话语，深深铭刻在博士心中，成为博士珍贵的回忆。无论哪个时代，在哪个国家，母亲的存在都是最伟大的。

我也有铭刻在心底的母亲说过的话。

记得那是我上小学之前。那时我身体羸弱，母亲指着我家庭院里的石榴树说："看看院子里的石榴树，虽然海风和沙地不适合石榴树生长，但它仍然年年开花，岁岁结果。你虽现在体弱，但以后一定会变得健壮起来的。"

对于当时正在因肺炎发烧而卧床不起的我来说，她的这句话给了我胜于一切的鼓励和希望。

还有一次，因为父亲患了风湿无法出去工作，家里经济很困难的时候，母亲开朗地鼓励全家人说："我们家是贫穷的大相扑横纲！"母亲的笑脸不知给我们的家庭带来了何等重要的支撑，这使我至今难以忘怀。

哈丁　真是一位伟大的母亲啊！

尽管有很多关于我们母子贫困生活和痛苦的记忆，但我从未为此而自暴自弃或感到悲哀。因为教会的朋友们经常向我们伸出温暖的援助之手。我不会忘记在那个小教会相遇的人们，不会忘记把年幼的我抱在怀里、鼓励和培养过我的人们。奠定我人生精神基石的，正是那些以那个教会为中心的共同体的人们。我时常痛感到拥有作为人的"根"的重要性。

在那里，有深爱我支撑我的母亲的存在，还有教会和社区的人们宛若亲人般的慈祥和养育。正因为如此，我才能把我的根深深植入在那里。

池田　博士的确是在社区社会"爱的网络"中成长起来的人。

现代社会对建设起拥有牢固和随时发挥作用的社区纽带的要求日趋强烈。因为一个社区的人们如能团结为一体，就能够照顾和培养少年儿童。

譬如，孩子们在公园里玩耍的时候，即使他们的父母不在身边，邻里的叔叔阿姨也会给他们以善意的看护和照顾。有的时候，叔叔阿姨们甚至像对待自己的孩子一样对他们严加看管和训斥——在从前的日本，这些都是理所应当和常见的风景。

然而如今这样的光景已变得少见，社区的教育能力衰退、人与人之间交流的崩溃正在成为很大的问题。尤其在城市里，社区的人际关系早已变得十分淡薄。

在这种情况之下，我们 SGI（国际创价学会）遵循佛法的人本主义精神，"无自他彼此之心"①——其意思是：自己与他

----

① 新编《日莲大圣人御书全集》（创价学会版），以下简称《御书》。

人、那里与这里，彼此之间没有分隔。我们始终致力于开展加强社区内人们之间的友情与信任的纽带关系的活动。

正如博士所言，在一个人要扎下自己的"根"的意义上，社区内人与人之间"心灵的纽带"越来越重要。请问博士在社区里那些心地善良的人们的关怀爱护之下，度过了怎样的学校生活呢？

难以忘怀的教育者们

哈丁　我非常喜欢学校。学校是承认自己、夸奖自己和激励自己的地方。只要到学校去，我就感到快乐。

只是我在品德方面有过不太好的记录。有一次，曾经被老师在通信联络本上写过"在课堂上聊天说话太多"，给的分数是C！（笑）

池田　这说明您健康而活泼（笑）。您喜欢哪些课程呢？

哈丁　我对于人有很深的兴趣，尤其喜欢历史。这要感谢那些给予我在这方面强烈求知欲望的老师们。还有，小学六年级的时候，我开始对飞机模型产生兴趣，非常喜欢组装飞机模型。

有一次，理科老师把我组装的飞机模型拿到市里的大赛上参展，还获了奖。那位老师向我转达获奖消息时十分兴奋。从那以后，我迷恋上了航空工学，尽管当时我连什么是航空工学完全一无所知。

池田　遇到了优秀教师的引导，是您成为历史学家的第一步。获得飞机模型优秀奖的故事，听起来也令人感到温馨。

聆听博士讲述这些仿佛跃然眼前的往事，我再次痛感到"鼓励促进进步"的教育之重要。

还有哪些老师给您留下了特别的印象？

哈丁　有的。我曾经遇到过很多位优秀的教师，我的人生由此而变得极其充实。

我和高中时代的爱莲·柏格老师在毕业之后很长时间内一直保持过联系。她是顾问，并没有直接上过课，但她肯定我身上的某些素质，相信我的可塑性。

她不仅鼓励我，还建议我母亲到学校访问，邀请我们母子去她家里做客。她给我介绍过打工的单位，给我们家以很大的帮助。

请问池田会长对您的老师都有哪些回忆呢？

池田　是的。我上小学那年，任课老师曾经表扬过我的"造句"（作文），此事至今难忘。这使我产生了将来去当作家或新闻记者的愿望。

小学高年级的时候，任课老师儈山浩平先生打开一张世界地图，问我们："大家都想到世界哪个地方去呢？"

见我用手指了指亚洲大陆正中央，他告诉我说："你想去那里啊，池田君。那里叫敦煌，是个有无数灿烂宝藏的地方。"

这成为我开始憧憬被称为"沙漠中一大美术馆"、以中国佛教遗址之都而闻名的敦煌的萌芽。做梦也没有想到的是，后来我竟然有机会得到了和敦煌研究第一人者大名鼎鼎的常书鸿①先生对谈丝绸之路史诗的机会。

修学旅行的时候，我把母亲好不容易凑起来的零花钱拿来大方地招待同学，花个一干二净。把这些都看在眼里的儈山老师悄悄把我叫到一边，塞给我一些零花钱说："池田君，别光顾着同学，你也应该给家人买点礼物啊。你哥哥不是都当兵离家在外吗？"这些留在我少年时代心灵深处的温暖回忆，至今不曾褪色。

听了博士的叙述，知道博士是在很多善良优秀的人们的爱心呵护下成长起来的。心中充满温暖的人生，是最丰富的人生。

在博士的少年时代，可曾有过对您后来投身于民权运动产生影响的难以忘怀的记忆呢？

哈丁　我也多次深刻思考过这个问题。我对自己首次遭遇严重的种族歧视，到底是人生当中的哪个时刻的记忆不甚清晰。但有几件事留在我的记忆里。

其中之一，是教会这个大家庭里的很多人先后建议我的话："文森特，你要记住：一个黑人男孩，要想让社会像对待白人那样看待你，是必须得付出比别人多一倍的努力才行的。"

这话在我心中播下了一颗种子，我想在某种意义上，我

---

①　常书鸿（1904—1999）：中国画家。留学法国时偶遇介绍敦煌的图录，为之震撼。尔后在长达半个世纪里致力于敦煌艺术的保护和研究。曾历任中国文学艺术界联合会全国委员、中日友好协会理事等职。曾刊行与池田 SGI 会长的对话录《敦煌的光彩》。

的人生就是在这句话的引导下走过来的。

还有一件发生在中学时代的事情。我们哈雷姆教会旁边，有一个小公园。每逢上午的礼拜到午饭中间，下午的礼拜和礼拜中间，我们这些孩子都要到那个公园奔跑和玩耍。

有一天，我们三个孩子和往常一样正在那里玩耍，碰到四五个看起来像高中生似的白人青年。我们中间的一个孩子天真地问他们道："你们在干什么呢？"他们说："在打猎。"孩子继续问道："在打什么动物呢？"他们说："在打黑人。"我们大吃一惊，慌忙逃散。

在遭遇被白人歧视问题上，我和许多人有所不同，没有亲历过性质严重或不愉快的事件。早年能够回忆起来的，恐怕就只有这件事。

池田 您讲述的这件事使我的心灵感到刺痛。同时，我为博士把"付出比别人多一倍的努力"当作贯彻整个人生的指针而感动。

博士的讲述勾起我第一次去美国、访问芝加哥时的回忆。

那是 1960 年 10 月，我在市内林肯公园一边散步，一边和同行的朋友交谈着。

这时看到一名黑人少年，先是遭到白人孩子拒绝他加入其中一起玩球，接着又被一名坐在公园长椅上的老龄白人痛骂，于是他满怀悲哀地离开了。这虽是我目睹的瞬间场面，但我从中窥视到了当时的美国社会那黑暗的深层景象。

凝视着少年的背影，我在心底发誓："孩子，我一定要努力创造一个令你真正爱着的、感到自豪的社会。"这件事让我铭记于心。

人类社会原本是不允许有任何歧视的。我们所致力的运动，就是以和平、平等、慈悲这一佛法理念为根本，努力建设保护人权、尊重生命尊严的社会。

回到刚才的话题，博士就是这样不负母亲的希望奋发努力，高中时代还担任过毕业生代表致辞，后来考入纽约市立大学城市学院。

城市学院的创始人汤森·哈利斯① 以美国首任驻日本总领事而在日本广为人知。

年轻时代的博士在城市学院攻读的专业是历史学。请问您选择专攻历史学的契机是什么？

历史这个"故事"

哈丁　大概是因为我年幼时就十分爱听童话，后来就对"故事"兴趣盎然的缘故吧。

后来我就读哥伦比亚大学新闻研究生院的时候，填写的专业志愿理由是"为弘扬黑人同胞的故事"。

---

① 汤森·哈利斯（1804—1878）：美国外交官。生于贫寒之家，自学成才。1846 年任纽约市教育局长，翌年创设专为贫困家庭子女的高等教育学府"免费学院"（现为纽约市立大学城市学院）。后被任命为美国首任驻日本总领事，于 1856 年常驻日本。曾缔结《日美修好通商条约》。1859—1862 年任首任驻日本公使。

还有一个原因就是我在大学遇到了好的历史学教授。他们教导我人类是如何与困难做斗争发展起来的，将我带到各种各样的"故事"当中，唤起了我的兴趣。

池田　是这样啊。的确，历史不单纯是事情的罗列。可以说，历史的深处，就是"人的故事"和"社会的故事"。

在英语里，"history"（历史）这个词中含有"story"（故事）的部分。据说追溯其语源时可以发现，曾经有过对"历史"和"故事"不用加以区分而使用的时代。

譬如在中国，史书是最具分量的，被称之为正史；除正史之外，还有侧重描写人物"故事"的"列传"。

学习历史，实际上就是探究贯穿社会的根本之道，更加深入地学习人类本身。我的恩师、户田第二任会长一直向青年们强调："要认真学习历史！""要加深史观！"

哈丁　我的观点是这样的：我们的"创造力"就在谈论"故事"中产生，我们自身的存在就是在故事中成立的，我们已经生活在各自的故事当中。我们需要"故事"，如同为了生存需要水和食物一样。因此，无论置身于哪个人类社会，人们都有必要互相叙述自己的"故事"。

根据精神分析学家卡尔·荣格①的理论，如果谁在讲述他自己的梦，那么，这个梦就已经不再属于他一个人，而是变成

---

①　卡尔·古斯塔夫·荣格（1875—1961）：瑞士精神分析医师、心理学家。研究人的深层心理，提倡假定集体无意识存在的独特分析心理学，还将性格分类为内向型与外向型。

了所有听众共同的梦了。

倘若果真如此，那么"故事"是否也可以这样解释呢？

就是说，为了进一步发展健全的民主主义，无论是世界上哪个国家，我们都有必要相互讲述和倾听各自的"故事"。

池田　人类是希望共同拥有过去、共同生存于现在、共同面向未来的存在。

如同人人都有自己重要的故事一样，他人也自有其重要的故事。只有通过"对话"建立起一个相互理解的平台，鲜活的血液才能注入到民主主义的脉搏里。欲建构心心相印、美好的社区社会的纽带，亦需要人与人之间相互交流人生体验，相互启发，拥有近在咫尺的"对话"机制的场所。

SGI（国际创价学会）的组织遍布世界 192 个国家和地区，我们在各地都会召开只有少数人参加的小型"座谈会"。我们已经把举办这样的座谈会加以传统化了。座谈会上，社区的会员聚集一堂，学习佛法，交谈各自的种种体验。各人成为主角，畅谈自己的人生"故事"，然后其他人会送上共鸣和鼓励的掌声。

美国的 SGI 会员在把自己的信仰和体验传达给他人的时候，他们不使用"谈"（tell）这个词，而是使用"分享"（share）。

参加者会为讲述者的悲痛而落泪，也会共同分享讲述者的喜悦和欢乐。他们从中得到启发，获得与自身烦恼做斗争的勇气，进而去创造人生。

人都活在被称之为"人生"的自己的"故事"里。那是由自己选择、以自己为主人公的"故事"。就是这样一个个故事，编织着历史这一波澜壮阔的故事画卷。

民众是民主主义的主人公。充分认识到"只有吾之生命才是创造历史的主体"，民主主义唯有植根于生活在那个故事当中的民众的土壤里，方能盛开出鲜艳的花朵。

哈丁 倾听丰富多彩的"故事"，有助于我们理解我们从哪里来、我们的根在哪里。

如果用诗的语言来形容，"故事"使我们明白，我们相互是怎样紧密联系在一起的。从中可以找到这样的观点："我们每一个人皆是同一整体的一分子，人与人之间实际上是没有区别的。"所以，区别不过是一种幻想而已。我认为，丰富多彩的"故事"所诉求的，是我们人类之间无可争辩的密切关联。

池田 我全面赞同您的观点。

自由天地的美国，正可谓是一个每个人都在创作描绘他们自己远大理想的故事，快乐地展翅翱翔，不断去赢得他们各自人生胜利的舞台。

假如博士重新创作自己的人生故事，您还会选择美国吗？

哈丁 会的。我为生在这个国家、这个地方和这个时代而感到十分幸福。

我总觉得，美国似乎具备一种可称之为"天赐的潜在能力"的元素。世界上所有的人种在这里集聚，因而能够享受移民社会的恩惠。聚集到美国的每个人，都能够把这里当作他们人生新的起点，而不是终点。

我认为，富有多样性的人们凝聚在一起，既是一种伟大的优势，同时也是对人之本性的一个考验。与此同时，我们不能忘记美国建国时的重大悲剧——众多原住民或被根绝，或被强制当奴隶受剥削的历史。

池田 人类永远不能忘却这些。不，还要永远不重蹈历史的覆辙。

我谈一个有关人类进化旅程的故事。根据最新的遗传医学研究成果报告，诞生在非洲大地的现在的人类祖先，是在约5万年前开始踏上走向世界各地的遥远征程的。

尔后，经过漫长的路程，逐渐分化成不同的民族和人种，分布在世界各地生存。他们在自己置身的土地上逐渐扎根和适应，经过许许多多的世世代代，创造出不同的文化、思想和宗教。

现在，这些丰富多彩的人们聚汇在美国的大地上。我强烈感到他们正在描写新的相遇和结合的故事。这不是结束，相反正是崭新历史的开始。我们可以把它称作是人类的一场规模宏大的试验。

哈丁 关于这个话题，让我来幽默而又认真地谈一下。

这是考验上帝的智慧的一种方法。上帝缔造了难以想象之多样性的人种，赋予他们以杰出的能力，将他们集合在一起，命令他们给以下提问找出答案：他们应该怎样生活、应该怎样去爱他人、应该怎样去休戚与共、应该怎样去祝福这个世界。

我认为，这件事本身就反映了美国所拥有着的巨大潜力。

池田 美国很大的魅力，在于其丰富的多样性。而丰富的多样性，是人类之无限的可能性和创造性的源泉。

我也从心里热爱美国。我是对美国的魄力感受到无穷魅力的人群中的一员。我祈愿世界和平之旅的第一步，就是从美国开始的。我一直希望，能在美国完成我人生之集大成。作为教育事业的中心舞台，我在美国创设了大学。

我认为，在美国绽放的多样性花朵，把它们结合起来的共同点，就是"人"这片大地，就是"生命"这一"根源"。

被誉为"黑人桂冠诗人"的兰斯顿·休斯[1] 这样讴歌他自己的"根"：

我认识各种河流 / 我认识那同世界一样古老的，比人们血管中的血流还要古老的河流 / 我的心灵也像河流一样诞生自深沉的底层。[2]

我们的目光，要投向生命这一深沉的河流。每一个人的

---

[1] 詹姆斯·兰斯顿·休斯（1902—1967）：美国诗人。其作品跃动地表现了黑人的灵魂与文化，为20世纪20年代哈莱姆文艺复兴运动中的领袖地位作家。曾积极参与民权运动。

[2] 《兰斯顿·休斯诗集》新装版，木岛始译，思潮社。

生命，皆是深邃至尊的存在。

哈丁 休斯也是我非常喜爱的诗人。他和惠特曼一样，他们都是把光辉照耀在多人种、多民族的美国民主主义所具有的潜在美之上予以讴歌的诗人。

池田 从"生命"的层次来看，人都是平等的存在。我们无一不是从遨游于辽阔宇宙空间的地球这一星球均等获得生命的同样的人。

当重新意识到这一事实时，人就会更加深刻地认识到生命的尊严性，在真正意义上做到谦虚。就会重新审视自我的存在，尊重他人的生命。于是，自己和他人都能作为满怀自豪的世界公民，迎接"新的觉醒"。

三、大自然与宽容的城市丹佛

"生命的故乡"落基山脉

池田 "这片土地，是生命以水描绘而成的地方。"①

这是被誉为科罗拉多"桂冠诗人"的托马斯·费里尔② 著名诗歌中的一节。

1996 年 6 月，我应邀出席了耸立在美丽的科罗拉多天地中的著名学府丹佛大学的毕业典礼。

---

① Thomas Hornsby Ferril，*Trial by time*，Harper & brothers.
② 托马斯·H. 费里尔（1896—1988）：美国诗人。以美国西部为舞台进行诗歌创作，于 1979 年获得科罗拉多桂冠诗人称号。

环抱在雄伟的落基山麓那开阔而美丽的自然风光，特别是与以哈丁博士、韦德 南达① 博士为首的尊贵而智慧的各位的交谈，深深铭记在我的心中。

以诗人弗里由的名字而命名的宛若天镜般清澈的湖泊——我还访问了拥有费里尔湖的城市公园。博士多年以此地作为活动舞台的丹佛，其天地风光无不深深打动着每个造访者的心灵，那里有一种不可思议的魅力。

哈丁　是的。丹佛天地之广阔，有一种震撼我心灵的力量。

记得有一本名为《天空之歌》的书，作者是作家盖伊·默奇②。天空之雄伟壮阔，时时强烈地打动着我的心弦。这个宇宙浩瀚无垠的空间，无时无刻不在我胸中回荡。

我来到这片土地上，已有约 30 年光景，我觉得丹佛的大自然给予我人格的影响。

日复一日映入眼帘的巍巍群山，永远蕴含着一种撞击人之心灵的元素。徜徉在丹佛街头，只要拐一两个弯，落基山脉的壮丽景象，就会跃然眼前，使人感到某种能够改变一些事物的力量。每天眺望着座座群山，都让我深受感动。

---

① 　维特·P. 南達（1934— ）：出生于英属时代的印度地方（现为巴基斯坦）。曾任国际刑事法院筹备委员会顾问，推进旨在判断核武器是否具有违法性的"世界法庭工程"。历任丹佛大学教授、副校长等职。刊行有与池田 SGI 会长对话录《印度的精神——佛教与印度教》。

② 　盖伊·默奇（1907—1997）：美国记者、作家。其作品《天空之歌》曾获得约翰·巴勒斯奖。

人们初来乍到这里，直面这些山峰，会做何感想呢？这样的疑问常常会突然掠过我的脑海。我想，那一定是充满惊奇的相遇。

池田 我能够理解您的心情。

创价教育的创始人牧口会长在其巨著《人生地理学》中写道："山柔和人情，为启发人心之天师。"① 他还曾谈及落基山脉。

在丹佛大学毕业典礼上，我荣幸获得该大学名誉教育学博士称号。

毕业典礼是在露天举行的，那一天晴空万里，同时还可以看到一轮皓月。这时，我突然被邀请致辞，我说：

太阳光辉灿烂，
月亮也在映照着大家。
太阳是热情，
月亮是理性。
落基山脉以其巍峨的信念之姿，
守护着在座的诸位。

我用即兴和简短的语言，向踏上壮丽旅程的毕业生送上我的祝福。

---

① 《牧口常三郎全集》第一卷，第三文明社。

满溢希望的英才们报以我热烈的掌声，这掌声至今仍在耳边回响。

哈丁　听了您的话，使我想起几年前前往宾夕法尼亚州林肯大学①时的记忆。在那所专为非裔美国人创立的大学里，后来成为加纳首任总统、第二次世界大战后非洲各国独立运动领袖的夸梅·恩克鲁玛②也曾取得学位。

我也被该大学授予名誉学位，我的家属随我一道来参加仪式。校长出乎意料地让我做十分钟的讲话。当时，我儿子就站在我身边，他在我耳边幽默地说："看来校长还一点都不了解爸爸。爸爸讲起话来，光开场白就得十分钟呢。"（笑）

所以，我很理解池田会长的心情。对于突如其来的致辞邀请，会长回应的是美好的诗句。

池田　在露天举办的毕业典礼与大自然浑然融为一体，宛若一幅充满诗情画意的画卷。

---

① 林肯大学，1854 年创立于宾夕法尼亚州的非裔美国人大学。校友有兰斯顿·休斯等。加纳首任总统夸梅·恩克鲁玛也在该大学取得学位。

② 夸梅·思克鲁玛（1909—1972）：加纳政治家、首任总统。曾任教师，后前往美国。曾就读于林肯大学、宾夕法尼亚大学。在英国从事研究期间，曾出席第五届泛非大会。回国后于 1949 年组建了人民大会党。后被英国当局逮捕，但仍于 1951 年在狱中参加英国统治之下的首届大选，当选为立法会议议员。获释后出任总理，1957 年独立后历任总理、总统（1960—1966）。提出建立非洲统一政府的构想，活跃于国际舞台。

雄伟壮观的大自然，使人们心中产生深深的敬畏。养育、包容我们人类的大自然，还有那宇宙，是多么伟大的存在啊。它们在不断地教诲着我们：人们为了些小之事相互仇视争斗不休，这是何等愚蠢的事情。它们教导我们明白：谦虚审视自我的人生、尊重他人的生命是何等重要。

牧口会长也洞察到了这一点："山为培养人物之处。"① 山具有培养和陶冶气宇轩昂之人格的不可思议的力量。

对于哈丁博士来说，丹佛这个生活了多年的城市是个什么样的存在呢？

哈丁　我是在 50 岁的时候迁居到丹佛的。

在我心底固然有对从前住过的地方的回忆，但我常常觉得自己就是一个丹佛人——这很令人不可思议，也很有趣。

纽约至今仍是我心中重要的存在。如我前边所说，尤其是哈雷姆，那是我人生开始的地方。

美国南部是参加民权运动时，我和家人生活过的地方，因此亦很重要。

芝加哥是我和后来成为我妻子的罗斯玛丽·弗里尼邂逅之地，同时也是与被称为"门诺会"② 的宗教组织相遇的场所，因而对我的人生具有极其重要的意义。

我虽然不是和在丹佛生活过 50 年以上的人们同样意义上

---

① 《牧口常三郎全集》第一卷，第三文明社。

② 门诺会：基督教重浸派教派之一。以主张绝对和平主义，致力于志愿者活动而著称。在北美拥有众多信徒。

的"丹佛人",但我深深感谢丹佛这个城市,深深感谢科罗拉多州。

池田 我也深切感受到丹佛是一个以故乡般的温暖来盛情款待远方客人的好客之地。

距今约130年前,惠特曼踏上了从美国东部的新泽西州开始的密苏里州、堪萨斯州、科罗拉多州的旅程。

后来他这样记述访问丹佛的感动:"那里弥漫着令我深为着迷的空气,使我无法不在那里停下脚步。于是我很想停留在那个地方,与那里崭新的天地融为一体。"

他还高度赞扬道:"毫无疑问,那里是美国最美丽的城市之一。"①

惠特曼的惊奇与感动,大概是众多游人的共同感受吧。

哈丁 惠特曼的话语,令我联想起很多事情。

我想先把话题倒回至20世纪70年代。那是我第一次造访科罗拉多,朋友带我从丹佛去落基山脉叫作西斜面的地区开车兜风。

穿梭于群山之间,我突然有一种不可思议的感觉,就是:"我在遥远的过去曾经住过这里","这片土地的历史和我的历史似有某种联系"。我无从知道这些意味着什么,就好像"回到"群山和太古时代的人们的家一样,那是一种极具现实感的

---

① Horace Traubel, *With Walt Whitman in Camden*, vol.5, edited by Gertrude Traubel, Carbondale: Southern Illinois University Press)

强烈体验。

池田 应该说是一种回到"生命的故乡"的感觉吧。

惠特曼这样讴歌科罗拉多的景色：

> 这些鲁莽的、胆大冲天的山峰／这些峡谷，汹涌而清澈的溪流／这赤裸裸的清新……①

丹佛不仅拥有大自然的魄力，居住在那里的人们身上也闪耀着人性的光辉。悠久岁月酿就的与大自然共生共存的传统文化无比绚烂。

尤其是丹佛令人瞩目的快速发展，使其成为美国人种聚集最多、最具魅力的城市之一。

哈丁 是的。友人玛丽亚·瓜哈尔多所强调的事实，最恰当地表达了丹佛吸引我的最大魅力所在。那是关于丹佛人口的统计。

关于丹佛的人口比例，她这样告诉我说："在丹佛，拉美裔美国人占半数以上，白人人口出现减少倾向。与这些相对比，黑人、日裔等常年居住于美国的亚洲人口比较稳定。"

换言之，就是从表面来看，这里聚集了通常被视为不可能和谐相处的多人种的人们，但实际上他们承认相互间的差异，在发现共通性之下得以共存。

---

① ［美］惠特曼：《草叶集》（下），锅岛能弘·酒本雅之译，岩波书店。

这个有点像实验室的地方，对妻子罗斯玛丽和我充满了魅力。从某种意义上说，这里似乎正在张开臂膀，准备迎接崭新美国的到来。

世代相传的宽容的历史

池田　"崭新美国的到来"——这是一个很好的形容。可以说，丹佛是个先驱性的城市。看来博士的夫人也深爱着丹佛的天地。

位于落基山脉东侧山麓、有着"草原上的女王城"之称的丹佛，同时还是一个人气鼎盛的游览胜地，1997 年的七国首脑会议曾在这里召开。

俄罗斯也全面参加了丹佛七国首脑会议。我一直提倡七国首脑会议应该吸纳更为广泛的国家参加，我认为那次会议迈出了意义深远的一步。

根据某美国育儿杂志的调查，在阖家居住最理想的城市当中，丹佛排名第一。

于 1995 年落成投入使用、近年来得以不断整备完善的"丹佛国际机场"，具有全美最大级别的规模，作为北美物流人流中转地，受到极大关注。正式指名奥巴马总统为候选人的 2008 年民主党全国大会，也是在丹佛召开的。

另外，博士所指出的"这里是各色人种相遇、共存之地"的视点是重要的。

牧口会长在《人生地理学》中，把山脉大致分为南北的

"纵山脉"和东西的"横山脉"。而导致气候差异的主要原因在于南北之差，南北的分水岭"横山脉"在很大程度上是主要区分两侧国民特质的分水岭。他分析说，横贯南北的"纵山脉"一带，统一国民意志在很多情况下是没有障碍的。

的确如他所述，落基山脉是美国大陆的"纵山脉"，它将东西相结合。

哈丁 是的。丹佛至少给我们以两个重要教训。

第一个是我们人类十分多样，相互间存在巨大差异。第二个是这种差异是非凡的宝藏。

多样性使我们意识到我们之间的"共通性"，也帮助我们去培养这种共通性。若想构筑共同的自我认同，需要这两方面的因素。很多人认为，"不拘泥差异"是进步的、是好事。但是，这里重要的是如何评价"差异"的态度。

是将相互间的"差异"活用到社会中建设性的方向，还是将它用于"分割"呢？我认为，丹佛的人们对这个问题进行了深思熟虑，他们倾其最大的努力，创造出了优良的社会环境。

我想起在2007年夏天，作为学习先辈社会变革的经验和智慧活动"前辈希望工程"的一环，这里曾经举办过一个以结成共同体为目的的尝试，众多黑人、白人、拉美裔、亚裔以及美国原住民青年都聚集到一起。

对于他们中间大多数人来说，这是首次与拥有多样性文化背景的人们共同度过为期两周的共同生活和学习体验。这对这些青年们来说是一次大的挑战，就连昼夜与他们一起度过的指导员们，有时都会遭遇令人棘手的场面。然而活动结束后，青年们无不为此次体验而感到喜悦。

同为美国人，同为人类的一员，承认和尊重相互间差异的社会、把这种差异视作创造"崭新美国"的美好元素的国家——这里蕴含着构筑崭新的人类社会的伟大潜力。这就是丹佛所具有的魅力之一。

池田　在丹佛，生动地跳跃着宽容的精神和传统文化的脉搏——从第二次世界大战时日裔人的历史当中，就可以找到其象征性的事件。

从西部开拓时代起，丹佛就和日本有着深厚的渊源。19世纪末至 20 世纪初，许多煤矿工人和铁路工人等就漂洋过海来这里打工，在丹佛市内形成了日本人街。

然而不幸的是，1941 年 12 月由于偷袭珍珠港爆发了太平洋战争。日本军事政府推进对亚洲和太平洋地区的侵略，逼迫很多人走向战争。

当时的罗斯福总统①采取了一项战时措施，决定把居住在西海岸的日裔强制迁往美国内陆各州。

在西部 10 个州长中，唯一一位毫不犹豫地表示接受日裔

----

① 富兰克林·德拉诺·罗斯福（1882—1945）：美利坚合众国第三十二任总统。1932 年以民主党候选人身份竞选总统获胜。以"新政"对付大萧条后的混乱状态，使美国经济得以恢复。在 1944 年举行的总统大选中实现连任四届当选，但翌年因病猝逝。

的，只有科罗拉多州的拉尔夫·卡尔① 州长。

卡尔州长始终主张要对日裔施以人道主义的对待。当日裔抵达科罗拉多州格拉阿特（通称阿曼知）收容所，众多暴徒冲上来的时候，卡尔州长向人们高声诉说道："如果你们要加害他们（日裔），那就先来伤害我吧。我生长在一个小地方，我知道因种族歧视而憎恶别人，是多么应该感到羞耻和不光彩，是多么应该被鄙视的事情。因为这样做威胁人们的幸福，同时也威胁你们自己每一个人的幸福。"②

卡尔州长的决断与行动，遭到很多人的激烈指责。但他坚定地贯彻了自己的信念，可谓是富于勇气的狮子吼。

哈丁　池田会长所引用的卡尔州长的发言，是因为这唤起了他过去充满耻辱与憎恶的记忆，以毅然决然的行动，将以往种族歧视的历史记忆铭刻于心——他用行动作出了这样的宣言。

我认为，实际上很多白人已经想不起过去的记忆，抑或因其意味重大而惧怕想起这些记忆，他们不是说"没有过这样的事"，就是说"不可能发生这样的事"，试图封杀这些历史。这是一种危险的健忘症。

池田　尽管卡尔州长主张日裔美国人同是美国公民，宪

---

① 拉尔夫·罗伦斯·卡尔（1887—1950）：美国政治家。1939—1943 年任科罗拉多州州长。因在二战中维护日裔而闻名。

② Adam Schrager, *The Principled Politician*：*The Ralph Carr Story*, Fulcrum Publishing.

法规定的人权应当得到保护，但是这一主张并未被接受。

后来他参加联邦参议院议员竞选，就因此受到憎恶日裔势力的指责而以微差落选。从那以后，他再未重返政坛。

然而在时过半个世纪的 1999 年，卡尔州长被《丹佛邮报》推选为科罗拉多州的 20 世纪代表人物。我认为，他是很多日本人和日裔美国人难以忘怀、不，是绝对不能忘怀的恩人当中的一位。

如今，在丹佛十六街"樱花角"内矗立着卡尔州长的胸像，他依然守护着他的市民。这雄辩地说明，凡属富有良知和勇气的行为，历史总会给予其正当的评价。我们必须坚决地建立起这样的社会。

金博士说过："我们所继承的创造性地生活在这个世上的希望，取决于能否以人格和社会正义恢复道德的生活准则。"①

他还警告说，人类"如不能实现道德的觉醒"，我们"就等于在走一条自灭的道路"。②

为了不走愚蠢的"自灭之路"，我们就必须要谦虚地反省过去的错误，坚持走"人道与正义之路"。

无论什么时代，无论哪个国家，这都是时时刻刻都赋予在我们身上的命题和挑战。

---

① ［美］马丁·路德·金：《金牧师语录》。
② ［美］马丁·路德·金：《金牧师语录》。

在社区联结友情

哈丁　在几年前举办的"前辈希望工程"的口述历史记录活动中，我们听取和记录了许多背负着过去战争记忆重荷的年长的日裔美国人的讲述。其中包括在很长时间里，都完全不希望再谈及强制收容所时代痛苦回忆的人们。

然而，说出和公开他们的亲身体验，是发展民主主义的宝贵财富——他们认识到这一点后所作的证词，为后世作出了巨大的贡献。

我赞扬卡尔州长。同时，我向所有白人送上鼓励：希望他们摆脱恐惧，与自己的历史正面相对。因为只有这样，他们和我们才能敢于面向共同的未来而前进。

马丁·路德·金日——这个纪念金博士的生涯和其扩大民主主义运动的日子（距金博士的生日1月15日最近的每年1月份的第三个星期一）也是这样的一个机会，这个纪念日于1986年制定，并且定为国民法定假日。

第一次迎接这个纪念日的时候，我正在坐落在丹佛大学校园内的伊利夫神学院里给学生上课，当时伊利夫神学院没有举行庆祝活动的计划。我与另外两位教授负责一个班的教学，我受委托担任马丁·路德·金日那天课程的主讲。

班里几乎所有的学生在马丁·路德·金遇刺的时候（1968年4月4日）都还是孩子，而在此前发生在南部的要求扩大美国民主主义的黑人运动风起云涌之时，他们则更加年幼。

当时我最想了解的是，在学生们的家庭里，是怎样谈论当年的美国黑人运动的。

在那天的课堂上，一名40多岁的白人学生惊人、悲痛且坦率的发言令我难忘。

他说，自他孩提时起，家里就有一条严格的不成文的规矩：晚餐餐桌上要谈论什么全由父亲决定，严禁谈论任何与种族问题和社会变革相关的话题。全家人因此而噤声。他补充说，从那时起，每逢听到讴歌黑人体验的歌曲，他都在心中默默哭泣。

为了实现我们所希冀的国家梦想，我们有必要对相互的历史进行学习、交谈和流泪。

池田　我很理解。我听说现在在丹佛，每逢马丁·路德·金日都要举行游行等盛大的庆祝活动。金博士也曾在丹佛留下过足迹。

哈丁　是的。我想，他曾到丹佛访问过两次。那都是在我迁居丹佛很久以前的事了。

大约在10年前，丹佛本地的电影工作者曾经制作了一部高品质的纪录片，记得片名叫《马丁·路德·金来到丹佛的时候》。

更让我感动的是，当地的艺术家们制作了精美的马丁·路德·金雕像，设置在市的公园里。

之所以雕像更令我感动，是因为与电影把焦点放在马丁·路德·金对丹佛的访问相比，雕像内容不限于丹佛和美国，更雕塑了全世界所有为人权而战、与马丁·路德·金志同道合的代表人物的形象。

池田 我听说马丁·路德·金的雕像于2002年在刚才谈到的坐落在弗里由湖畔的城市公园里揭幕。

以金博士为中心，那里还有印度的圣雄·甘地①、奴隶解放运动和种族平等的推进者、曾经当过奴隶的弗里德里希·道格拉斯②、同样曾是奴隶的黑人女性运动家索杰娜·特鲁斯③、被誉为民权运动之母、闻名遐迩的罗莎·帕克斯④等的雕像。

---

① 莫罕达斯·卡拉姆昌德·甘地（1869—1948）：印度思想家、政治家。以被尊称为圣雄（伟大的灵魂）而著称。曾留学英国，取得律师资格。后在南非从事律师活动的同时，参加废除种族歧视运动。回国后通过非暴力、不服从运动、抗议游行、绝食等形式领导了印度独立运动。

② 弗里德里希·道格拉斯（1818—1895）：美国人权活动家、政治家。出身于马里兰州奴隶之子。1838年逃往马萨诸塞州居住。自学成才，以演说和发行报纸等非暴力手段，开展活跃的奴隶解放运动。

③ 索杰娜·特鲁斯（约1797—1883）：美国人权活动家。出身于纽约州奴隶之子。作为巡回传教士致力于呼吁奴隶解放和维护女性人权活动。1997年NASA（美国国家航空航天局）以她的名字命名其火星探测机器人为"索杰娜"。

④ 罗莎·帕克斯（1913—2005）：美国民权运动家。1955年在阿拉巴马州蒙哥马利因拒绝在公共汽车上给白人让座而被捕。以此为导火索，爆发了公共汽车抵制运动，1956年联邦法院作出公共汽车上的种族隔离属违宪的判决。1964年制定了公民权法。被誉为"民权运动之母"，后从事青少年教育工作。1999年美国国会授予其被誉为民间人士最高荣誉的国会金质奖章。

对于我们 SGI（国际创价学会）的会员来说，他们都是给了我们以巨大启发的人们。

1993 年 1 月，罗莎·帕克斯女士曾访问创价大学洛杉矶分校。她与众多年轻女孩和青年合唱《我们定会胜利》①，这成为我们珍贵的历史宝藏。

翌年 5 月，她还访问了日本创价大学和创价女子短期大学。我们在东京就民权运动的历史和精神亲切交谈亦是令人怀念的记忆。

我还曾经向年轻朋友们讲述过奴隶解放运动斗士索杰娜·特鲁斯的信念，疾呼勇气之重要性。

关于圣雄·甘地，我曾应印度甘地纪念馆的邀请，做过以《迈向无战争世界——甘地主义与现代》② 为题的讲演。甘地的非暴力思想至今仍在给予我们的和平运动以巨大的启示。

现在，我能与哈丁博士就博士忠贞不渝的盟友金博士的人生和斗争的历史进行交谈，向全世界的青年们传递金博士那伟大的召唤，这对我而言无上光荣，无比喜悦。

在我访问丹佛的时候，看到 SGI 会员当中也有美国原住民成员，他们给了我以盛情的款待。

① 《我们定会胜利》，象征着美国民权运动的歌曲。歌词源于赞美歌。"我们定会胜利"的歌词深入人心，在 20 世纪 60 年代的民权运动和反对越南战争运动中被广为传唱。

② 1992 年 2 月 11 日，池田 SGI 会长在新德里印度国立博物馆讲堂发表的讲演。

原住民所拥有的丰富的文化和智慧，有很多值得我们学习。

哈丁　是的。自从移居丹佛以后，我和现已故去的妻子罗斯玛丽与丹佛许多美国原住民朋友共同度过了很多时光。

我还拜访过新墨西哥州普韦布洛印第安人①，观看苏族太阳舞仪式；拜访过南达科他州北部印第安居留地，尽可能地与周边地区土著民进行了交流。

无论在哪个地方，都会遇到他们出类拔萃的原住民的智慧。那就是，我们的生命和人生都在依存着"共同体"，无论居住在哪里，为发展"共同体"作出贡献都是绝对重要的。

池田　好像自古以来，科罗拉多州周边地区就居住着各种各样的原住民。

奥马哈族有句格言："要抚养一个孩子，需要全村为之努力。"原住民的智慧在跨世代的人类纽带的重要性、社区共同体的状态等方面给人们提供了宝贵的启发。

哈丁　是的。共同体的形成，这一课题非常重要。

我们现在想知道的是，如何把在产业化时代我们所追求的、给共同体带来巨大负面影响的"发展"，引导到某种新的、为实现更加强有力的共同体意识上来。

我最近在某个报纸的健康栏目上看到一篇令人信服的报

---

①　居住在新墨西哥州、亚利桑那州等美利坚合众国西南部原住民名称。普韦布洛为西班牙语，为"街镇、部落"之意。

道。其主要内容是，人们忽视了"朋友"的存在在维持和增强我们的健康、促进病愈恢复、如何随着年龄的增长安排生活等方面所起的作用。

过往十年的调查结果显示，对大多数人来说，增进身体和精神健康，最重要的因素是"友情的圈子"。

池田　这是一个重要的视点。

哈佛大学医学部近年发表的研究报告认为，人的"幸福感"在很大程度上受其交友关系的"幸福感"所影响。

比如，他的生活幸福的友人住在距他一英里（1.6公里）范围之内的话，他的幸福感可能性为25%；如果他拥有幸福的邻居，他的幸福感可能增加至34%。[①]

这种幸福感如同涟漪般从朋友扩大到朋友，给予自己有缘的人们带来身心俱健的效果。我认为，这项研究成果为思考社区共同体之重要性上，极具启发意义。

如何构建"心"与"心"相连、开放的社区网络，是今后的时代不可或缺的课题之一。

佛法反复讲述着朋友的重要性。释迦牟尼平等地称呼所有人为"朋友"，他甚至对他的一名弟子说，拥有"善知识"，即"好友"，为佛道修行之全部。[②]

佛法所说的"慈悲"，如果将其一个侧面用现代的语言来

---

① 参照英国医学杂志《英国医学期刊》三三八卷（2009年1月）所刊载有关哈佛大学教授等的研究成果。

② 《相应部》，南传上座部佛教典籍。

说的话，那就是"友情"。超越利害关系、立场、民族和宗教种种差异，平等对话，相互携手，共同生存的"友情"——强化这样的"共生之心"，乃是佛法根本精神所在。

哈丁 耶稣也以"我友"的态度平等对待他人，并不居高临下俯视他人。以我自身而言，当人们称呼我为"朋友"时，我总是提醒自己要用尊敬和平等的意识与之对话。

池田 这非常重要。

丹佛的 SGI 会员，也在推进与社区的人们开展友好的对话。他们在市内的公园和小河边种植了很多樱花树，继续着为社区做贡献的活动。现在，很多社区的人们也加入其中，他们种植的樱花数量在不断增加。

每年 5 月初，市民们都可欣赏到盛开的樱花，据说这已成为联结社区社会友好的象征。

原来人们都认为，丹佛冬季寒冷，樱花很难在这里生长。为此，SGI 的朋友们给樱花树缠上防寒胶布，精心地加以养育。经过各种努力，樱花终于茁壮成长，鲜花盛开。

我希望，我们也能像养育樱花一样，精心培养能够担负未来的人才。希望将友谊之林，拓展至广阔无垠。我认为，只有对每一个人都给予鼓励与之诚实对话，才是开辟"和平"与"人道"时代的坚实基础。

哈丁 这些樱花，是赠送给丹佛的美好礼物。会长对下一代青年所寄予的希望也使我感到倍受鼓舞。对于人来说，什么是最好的"防寒胶布"呢？这唤起了我的思考。

四、与金博士的相识

到南部去——青年们富有勇气的行动

池田　友情是人生的宝藏，是人类究极之精华，是伟大的和平之力量。

哈丁博士与金博士在激烈变革的时代并肩战斗，在金博士殉难之后，仍高擎着同样的"梦想"，坚持为信念而斗争。

您二位最初相识于 1958 年，哈丁博士访问金博士居住的亚拉巴马州，成为您们相遇的契机。

哈丁　是的。那时我在几年前刚服满美国陆军的兵役。服兵役期间，正值朝鲜战争接近尾声，我感到作为信仰耶稣的人，我的良心不允许我训练自己去杀害被政府定为"敌人"的人们。

于是，我进了芝加哥大学攻读历史学博士课程，在那里接触到了"门诺会"的团体。门诺会与贵格会①、基督教弟兄会②被并称为美国的"和平教会"。他们忠实遵循耶稣的教诲"爱汝之敌人"，决心为贯彻此教诲而付诸终生、竭尽全力。

他们问我是否愿意参加创设一个由白人和黑人共同协作、对所有人都自由开放的教会共同体。

---

① 贵格会：基督教重浸派教派"教友派"的通称。起源于 17 世纪英国的派系，采取绝对和平主义的立场。

② 基督教弟兄会：基督教重浸派教派之一，主张和平主义。

在开展这项活动过程中，我们当中有几个人开始自问道："假如我们生活在白人和黑人如兄弟姐妹般融洽相处属于违法的危险的南部地区的话，我们该如何行动呢？假如我们被卷入重大纠纷当中的话，我们还能够贯彻自己的信念、保持住我们相互之间的关系吗？"

那是1958年秋天的事。我们由3名白人和两名黑人组成5人小组，年龄都在二十几岁至三十几岁。大家都年轻，多少有些鲁莽。于是，我们做了这样的决断："既然如此，我们干脆去南方看看。"

我们乘上破旧的旅行车，一致约定："作为耶稣家庭的弟兄，我们决不分开行动，凡事皆在一起。让我们试试看究竟会怎么样。"

池田 是这样啊。为了践行自己的信念，你们迈出了重大挑战的一步。这在当时，该是何等勇敢的行为啊！关于南部各州严重的种族歧视情况，当时日本也做过报道。

哈丁 1954年联邦最高法院作出种族歧视违宪判决后，翌年即1955年，罗莎·帕克斯被不公平逮捕，公共汽车抵制运动风起云涌迅速展开。那个时期的南部地区各种冲突迭起，陷入高度紧张状态。

到了1956年，在亚拉巴马州立大学土斯卡鲁萨主校区里，一名非裔女学生首次作为非裔美国人被接收入学，但由于校园和街头的暴力事件，最终又被禁止上课。尽管法院下达了命令，但该大学理事会仍不同意该女生复学。

1957 年在阿肯色州小岩中央高中，发生了 9 名黑人学生遭拒绝入学的事件，以至于艾森豪威尔总统为保证他们能够入学和确保他们的人身安全，不得不向小岩城派遣联邦军队。

向南部出发的我们 5 个人，首先进入的是阿肯色州。那时已是小岩城高中种族纷争激化一年之后。抵达小岩城后，我们首先拜访了此前事件的主要支持者黛西·贝茨女士。她当时是"全美有色人种地位向上协会（NAACP）"在当地的中心人物，她和她的丈夫都从事发行黑人报纸的工作。

我绝不能忘记，我们在她家里所看到的被石块打碎的客厅的玻璃窗和写着"下次给你的就是炸药"的纸片。我们为贝茨夫妇决不为恐吓所屈服的勇气深受感动。

我们离开小岩城继续旅程，经过密西西比州时心中有些忐忑不安。因为该州对反对种族歧视、反抗白人占优越地位的人们的恐怖行为发生的最多。

但是我们在当地一些具有勇气的白人和黑人的帮助下，平安通过密西西比州，进入亚拉巴马州南部。

那里距金博士居住的该州首府蒙哥马利还有几英里，我们决定："无论如何我们要见到金博士。"

毋庸赘言，那时是没有手机电话的。我们从电话簿里按照"金"的索引查到了金博士家的电话号码，柯瑞塔夫人接了电话。

柯瑞塔夫人告诉我们说："他（金博士）在纽约举行的新书签字会上被一名精神错乱者用刀扎伤，在纽约住院后现已回家，但现在正在卧床休息。医生要求他静养呢。"

然后她又说，虽然不能保证金的身体状况一定能会见你们，但是你们可以到家里试试看。于是我们乘上汽车，决定到金博士蒙哥马利的家去一趟。

池田　是这样啊。我已经感受到了青年时代的哈丁博士那充满活力的行动力。柯瑞塔夫人对博士一行的行动给予了真情的理解和亲切热情的接待。

大约 15 年前（1995 年），我们曾邀请柯瑞塔夫人前往美国创价大学人权讲座做过讲演。

柯瑞塔夫人对遇到当时正在那里作短期留学的创价女子短期大学学生感到格外高兴。而在场的日本女孩们也为能直接接触到伟大的美国人权斗争精神得到了终生难忘的记忆。

我希望肩负着未来社会重任的青年一代能够通过所有他们能够得到的机会，积极去学习先人们那些富有勇气的行动的历史。我衷心希望，他们能共享这些精神教训，进而把这些运用于建设更加美好社会的实践。

因为我相信，唯有青年才能开创新的时代。以佛法为基调，在我们 SGI 所开展的和平、文化、教育运动中，青年们起着巨大的作用。

希望青年们以其勇气，为和平、为人权而斗争。

我们则担负着为青年们开辟道路的巨大责任。我认为，我们担负着将历史之真实传达给他们的重大使命。

哈丁　我完全同意您的观点。

返回到刚才的叙述，我们这个由白人和黑人组成的小组，来到金在蒙哥马利的家。柯瑞塔夫人为我们的远道而来甚为喜悦。因为夫人很了解黑人和白人一起到南部地区来的危险性。

她没有任何踌躇地到金的卧室去传达了我们造访的消息，然后告诉我们，他为我们的来访感到高兴，说："那么就见面小谈一会儿吧。"

我们走进卧室，金热情地接待了我们。他外边套着长套袍，里边穿着睡衣。我们围坐在床周围的椅子上，听他谈论得知我们所从事的活动后有多么高兴，他如何尊敬和平教会。

他说，我们所进行的活动和他自身的活动是一致的，都是站在非暴力大原则上的实践，以人类社会的变革为目标是联结我们之间的共同纽带。他为此而感到高兴。听了我们在芝加哥的活动情况和来这里途中所遇到的冒险后，他还以其特有的幽默语调，向我们活着通过密西西比州而表示祝福。

交谈继续了一个多小时。告别的时候，金对我和我们小组中我的一位黑人朋友埃德·利迪克这样说道："你们都是门诺会信徒，明白我们在这里用非暴力手段在做些什么。希望你们两个今后能想办法重返这里，来给我们以帮助。"

他的话听起来一半像是玩笑，一半又似非常认真。

无论是哪一种，此话都给我以巨大影响。我对他的话始终铭志不忘。实际上，我和妻子从芝加哥搬到南部参加民权运动、与金和他的家人再会，是在三年之后。

金博士是位幽默的人

池田 由此可以看出，与金博士带有命运色彩的相识，决定了哈丁博士夫妇的人生。

在人生当中，有时瞬间的相遇会开创未来的历史。对青年来说尤其如此，每一个相遇都很重要。因此，我自身对与青年们接触的每一个瞬间，都以极其认真的态度来对待。

您适才的讲述，使我了解到了当时金博士所处的严峻状况和哈丁博士等的真情实感。

自此以后，您和金博士的交流得以不断深化。我想知道，最初见到他的时候，哈丁博士在哪些方面特别受到感动了呢？

哈丁 令我感动的是，他的好奇心、创造性、勇气和开阔的胸襟。他的这些特质，终生未曾改变。

在蒙哥马利第一次见面的时候，金对我们这个由两名黑人和3名白人组成的5人小组亲如"兄弟"，尝试前往南部的征程深为感动。这件事对他来说，极其重要。

我之所以这样说，是因为他的主要目标之一，并非单纯为确立黑人在法律上的权利，而是更高的超越——创造他称之为"爱的共同体"的、能够再发现"作为平等的人与人之间的根本性联系"的基础。

金和拥有坚定精神基础的活动家们想要教导人们的是，我们为之努力的终极目标是"崭新的美国"——也就是说，无论黑人还是白人，所有的人都团结一致，共同创造一个大家能分享美好生活的"美国"。

　　金是位拥有崭新创意、博大智慧、富于挑战和充满冒险之心的人。正因为他的这些特性，才会对我们的活动给予关心和理解。

　　他知道，如果没有更多的人敢于冒着巨大危险去争取跨越种族和阶级的樊篱，这个国家深重的种族分割的伤痕，是无法在真正意义上治愈的。故而他经常以"我们要结集善之力量"作为他的座右铭。

　　他将自己负伤的痛苦置之度外，在卧室里迎见我们，以其实际行动，体现深深植根于南部黑人身上的"热情好客"的传统，这也令我们深受感动。同时，他那出类拔萃的幽默风格也使我们为之倾倒。

　　池田　感谢您如此宝贵的叙述。您的每一句话，都是极为珍贵的历史见证。尤其是金博士努力"创造能让所有人都寻找到共同基础的'崭新美国'"，这一点实为重要。

　　这与许多美国 SGI 的朋友们致力于实践这一佛法的动机相重合。

　　佛法认为万人生命中都有"佛性"，主张每一个人都是尊极之存在。拥有多样性背景的人们，通过这一信仰，使自己和他人的尊贵生命放射光辉，向着和平并肩前进——这样美好的协作关系在美国社会也已经建立。

　　要想从根本上解决世界所面临的民族问题和国家间纷争，唯有回到"人"和"生命"这一原点。

　　尽管肤色、语言和文化不同，但我们皆为热爱和平、祈愿幸福的同样的人。与其他跟自己同样的、会爱护家人，会悲伤也会欢喜的人联结起"生命的共鸣"和"心灵的结合"——我们能培养、建立起多少这样的关系，应该说变得越来越重要。

回到刚才的话题，看来金博士是位非常"风趣""爱笑"的人。

哈丁 是的。而且不只是他，他的许多战友，以及我所认识的几乎所有与危险、镇压和困难战斗过来的人们，无不充满幽默的乐观主义精神。

这种精神是战胜纠葛和打击，勇往直前的手段之一，它不同于愚弄和愚蠢的玩笑，是一种极其聪慧、富有创造性、令人忍俊不禁的幽默。

科学研究成果证实，幽默和笑能够打开人的心扉，尤其在紧张和困难的时候，是必要的。"笑口常开"的确具有抚平心灵的力量。

池田 您指出的这点很重要。美国著名女诗人玛雅·安吉罗① 曾回忆说，金博士是位极其富于幽默感和勇气的人。

安吉罗说："无论遭遇何等恐怖的情况，面对何等冷酷、贪婪、卑鄙之人，他总是泰然自若开朗而有力量，脸上总是浮现着绝妙的笑容。"② 她还指出，金博士的幽默，使人感到亲切和易于接近。

---

① 玛雅·安吉罗（1928—　）：美国诗人，深入参与民权运动，代表作有《我知道笼中鸟为何歌唱》等。

② 成就学会于 1997 年 1 月 22 日对安吉罗访问的部分内容。

在遇到考验和困难的时候，笑容和幽默具有凝聚人与人之间的关系、增强人们勇气的力量。这是一种使人的心灵得以放松、转向乐观主义的不可思议的力量。

印度独立之父圣雄·甘地曾留下这样的名言："假如我没有幽默的特性，可能在很早以前就自杀了。"①

据说甘地也是位"爱笑的人"。一个人开朗风趣，人们自然而然地会聚集在他的周围。无论高举怎样崇高的理念和思想，如果领导者深陷于自身的悲哀而忧郁不振，那么他所从事的运动就将是生硬苦涩的某种形式而已，不会持久。我想，金博士就深谙这个道理。

哈丁 是的。说到这里，让我想起一件有趣的事。

那是 1962 年夏天的一个夜晚，时逢佐治亚州奥尔巴尼要求废除种族歧视运动如火如荼之时。

金希望我来指挥由黑人组织参加的在市政府举行的抗议游行。游行的目的是抗议警察殴打当地一名运动骨干的孕妇。我们判断，假如不对这种不正当行为表示某种形式的愤慨，则居民们将会处于更加危险的处境，进而必将导致暴动冲突事态的发生。

抗议行动的结果，是我被逮捕关进拘留所。这件事发生在 1962 年 7 月我即将迎来 31 岁生日之前。

---

① *The Collected Works of Mahatma Gandhi*，Vol.20，Publications Division，Ministry of Information and Broadcasting，Government Of India.

记不清是第二天还是两天之后，金和我的妻子罗斯玛丽等几个人前来会面。他在监狱的铁格栅前这样说道："文森特，我知道今天是你的生日，本想给你带来生日蛋糕，但估计警察局长多半不会批准的。"

那时正好有幅古典漫画，画的是在送给囚犯的生日蛋糕中藏着一把专门用来锯断铁栏杆的锉刀。

他继续幽默地说道："我想很难偷偷带进来，所以决定把生日蛋糕留待到你出狱之后。"（笑）

这可以说是他典型的幽默范例，他总是喜欢开玩笑，喜欢使人感到风趣快乐。

池田　这是个佳话。这个插曲展示的是金博士博大温暖的为人品格。

我的恩师户田会长也是位时时不忘幽默的人。在第二次世界大战后的混乱时期里，日本许多民众饱受着疾病和贫困之苦。

他在战争期间遭到军事政权的镇压，被投狱两年。恩师经历了与铁窗生活的搏斗之后，可谓单枪匹马一跃而起地投身到庶民当中，开始了以佛法为基调的和平运动。只要有人在烦恼和痛苦，他就要竭尽全力地去拯救；他认为必须要去拯救，不遗余力地给予他们以激励。

在那样的时刻，恩师每一句洋溢着幽默的话语，是那般铿锵有力，他拨开了人们心中的乌云，注入着希望的阳光。

"人何以生于世上呢？这个问题看似简单，实际上很难。概而言之，你们是来到这世上游玩一遭的。彻底体验人生之乐趣，依照自己的意愿尽情游戏人生。只是，人生需要有目的。虽是一场游戏，但犹如甜美的年糕小豆汤需要加点白糖和盐一样，人生如果没有一点食盐般的辛劳的话，那就感受不到真正的幸福。只不过你们的盐分太多了点（笑）。这过咸的年糕小豆汤，可就没法吃啦!"（大笑）

听了这番话，人们恍然大悟，称其所言极是，于是在笑声中说:"好! 同样走过人生，何不快乐地去度过!"然后鼓起勇气奋发而起，向严峻的现实进行挑战。继而通过佛法实践，夺得了充满希望的人生。

正是这些无名百姓以开阔的胸襟努力奋斗，前赴后继共同创造，才成就了今天的创价学会。恩师就是这样一位与庶民同行的罕见的民众领袖。

哈丁　他的确堪称为一位伟大的领袖。

还有一件事显示了金的幽默风格。此事发生在他倒在凶弹之下、毕生最后的活动之地田纳西州孟菲斯市。据曾随行他游说的我的朋友讲，为了放松情绪，他们经常在饭店房间里一块进行"枕头战"。金也参与其中，他们用枕头互相拍打，边拍打边开怀大笑。

我想，当时与金博士最贴近的助手是安德鲁·扬①。1968

---

① 安德烈·杰克逊·扬（1932— ）：美国政治家、外交官、牧师。金的盟友。曾任引导民权运动的南部基督教领袖会议成员，致力于民权运动。曾多次在民权运动游行中被捕入狱。多年后曾任卡特政权时的美国常驻联合国代表。

年4月4日，直至金博士遭遇暗杀的傍晚时刻，安德鲁几乎一整天都不得不待在孟菲斯市的法院里。回到宿舍的时候，金半认真半开玩笑地盘问他"到哪儿去了？""为什么一直都不联系？"，批评他"你难道不知道至少应该打个电话过来吗？"

说完之后，金就开始用枕头拍打安德鲁。安德鲁也抓起一个枕头应战（笑）。这令在场所有的人都捧腹大笑到连肚子都笑疼的地步，最后所有人都参与到枕头战当中去了。

燃烧起"勇气的火焰"

池田 这情景犹如就在眼前。

凡拥有信念和决心之人，由于具备实现其使命的坚强意志，故而是勇敢的。他们有不屈的斗志。同时，真正有勇气的人，又具有开阔的胸襟。

圣雄·甘地说："力量并非来自体力。力量来自不屈的意志。"① 金博士就是一位体现了这句话的人。

哈丁博士所注目的，是金博士之所以吸引人的魅力所在，即无与伦比的人格，尤其是他的勇气。

哈丁 是的。金的勇气，是体现在方方面面的；我认为应该大书特书的勇敢的行动，则集中在他人生最后那一年间。

他深知自己的生命随时在被人瞄准为目标，什么时候被击中、被杀害都不奇怪。虽然危险万分，但他决绝地忠诚履行

---

① 莫汉达斯·甘地：《我的非暴力1》，森本达雄译，美铃书房。

其誓言：“坚决进行到底！”这就是他的勇气的伟大证明。

无论对他自己的人生，还是对民众，为实现极其重要的理想，金从未畏惧过作为既不能逃逸也不能隐匿的领袖的活法。即便是死亡的威胁，都不能阻止他中断这样的人生选择。

此前我刚刚在丹佛的某个中学以十几岁的年轻人为对象做过讲演。在讲演当中我谈到，金深知，只要他按照自己的信念去讲话、去行动，一定会遭人暗害。但我想至于一些细节就没必要赘述了，于是将细节忽略未谈。

讲演结束后，我收拾东西准备离开时，一名男生走过来说：“哈丁博士，我想问个问题。”

我说：“请问吧，我很喜欢提问。”

男生以年轻人特有的挑战性语调这样说道：“我想知道的是，金博士既然知道他有被杀害的危险，为什么不暂时躲一躲，‘放松一下’呢？”

就在我思索如何向他解释什么是“勇气”和“献身”的时候，一名和他年龄相仿的同班女生走过来，对他说：“还让他‘放松一下’！‘放松一下’是什么意思？他怎么可能‘放松一下’！因为金博士有需要他去做的工作！”

这正是我所要说的。金的勇气，发自对这个世上有他必须为之牺牲生命的事业的使命感。

池田　的确是这样。

哈丁博士与认真的少年和聪明的少女交谈的场面，栩栩如生。

　　金博士这样说过："有勇气的人，敢于直面恐惧，进而战胜恐惧。而胆怯者因其不敢直面恐惧，反被恐惧所击溃。"①

　　金博士做好了一切最坏的思想准备，从容面对社会之恶。如此决绝的行动，在人们心中点燃了熊熊燃烧的"勇气"之火焰。我想，这场发动于民众、旨在于为民众的运动，正是由于有金博士这样罕见的领袖的出现，才变得可能。

　　英国历史学家汤因比②博士有句话令人难忘。关于领袖人物所需要具备的条件，博士是这样描述的："作为领袖人物，其成功所绝对不可缺少的条件是勇气与自信，以及使这样的感情能在民众中奋起的能力。"

　　他还说："当然，领袖人物与民众，在能够向人们心灵诉说的共同的大义之下，相互融合为一体是必要的。假如这种诉说十分强烈，即便是明显绝望的冒险，领袖人物仍然能够使民众为之奋起，引领其前进。"③佛法也在反复教导"勇气"的重要性。《法华经》中的"勇猛精进"即如是。我们创价学会亦以"勇猛精进"为灵魂，无所畏惧地前进至今。如果没有"勇气"，就不能贯彻正义。有些时候，胆怯的结果是在袒护邪恶。

---

① ［美］马丁·路德·金：《金牧师语录》。

② 阿诺德·约瑟夫·汤因比（1889—1975）：英国历史学家。历任伦敦大学教授等。分析世界文明的起源、发展、解体的过程，展开尖锐的文明批评。除巨著《历史研究》外，著书颇丰。曾发刊与池田SGI（国际创价学会）会长的对话录《展望二十一世纪》。

③ ［英］A.J. 汤因比：《国家领袖的条件》，泷泽莊一译；［日］松冈纪雄编：《日本的活路》，国际PHP研究所《所收》。

户田会长经常说："虽说慈悲，很难简单地拿出来。代替慈悲的是勇气。"

哈丁　我以为，我们应该铭刻心头的是，在很多场合，庶民的勇气和决心最大限度地鼓舞了金的领导能力。蒙哥马利的时候就是这样。

1954年，金作为年仅25岁的研究生第一次来到蒙哥马利，得知那里业已聚集了决心为变革而战的人们。

正因为有罗莎·帕克斯这样的人们，他才得以发现自己作为领袖的能力，使他所具有的勇气得以伸展和发扬。

我总感觉，可以把金的人生用字母"C"打头的四个词汇来加以概括。

这就是"勇气"（Courage）"献身"（Commitment）"创造力"（Creativity）"关怀之心"（Compassion）。这四个"C"，正是他存在的核心所在。

他最具有勇气的行动之一，是以坚强的意志，极为公开地反对越南战争。而且不单是战争，他还向美国对全世界的姿态提起深度的怀疑。

这样做为何需要巨大的勇气呢？因为当时的约翰逊①总统将他本人和越南战争以及战争的胜利完全一体化了，同时还自负他自己是黑人解放运动的重要朋友。事实上，很多解放运动

① 　林登·贝恩斯·约翰逊（1908—1973）：第三十六任美利坚合众国总统。曾任肯尼迪政权副总统，1963年肯尼迪遇刺后接替政权就任总统。对民权运动表示理解，但积极介入越南战争。

的活动家也将总统视为这样的存在。

因此，金反对越南战争，意味着与合众国的总统相对峙，使民权运动的重要伙伴转向敌对立场之上。他就是在这种情况下，必须作出自己的决断。

池田　持续了大约 15 年的越南战争，把太多太多的人们卷入了战争的漩涡。

然而，公然反对这场战争，该是何等危险之事！我们完全可以想象，金博士在作出这一决断时，曾有过怎样的呻吟和苦恼。

这个话题无论对金博士的人生，还是对民权运动而言，都非常重要，以后我们还将谈及。

五、女性的英知和青年的力量

罗斯玛丽夫人的聪慧洞察

池田　"人生中最持久和紧急的提问是：'为了他人，你现在在做些什么？'"①

这是金博士不朽的名言。

我想，哈丁博士的人生，就是对这一崇高提问的应答，为守护人性之尊严，捍卫人们的人权而奋斗的过程。

在这里，我想谈谈关于哈丁博士另一位"忠贞不贰的同

---

① ［美］马丁·路德·金：《金牧师语录》。

志"、也是您的"战友"罗斯玛丽夫人。

哈丁博士是因为什么契机与罗斯玛丽夫人相识的呢？

哈丁　我与罗斯玛丽第一次见面，是在她生长之地芝加哥，那时我刚刚成为门诺会成员。

1959年，我作为发言嘉宾应邀前去出席门诺会关于种族问题的研究会。没想到她也是发言人之一。

我此前对她的事早有久闻，朋友也说我应该见见她，于是乘此机会鼓足勇气主动做了自我介绍。我清晰地记着她当时的着装。她的着装总是那般气质优雅。我们相约今后保持联络。我们的交往始于谈论种族歧视问题。

那时她已经站在公立小学的教坛上，担任三年级学生的教学。而我当时正处在大学博士课程末期，在写毕业论文。

随着交往不断加深，我了解到她作为门诺会的一员，对贡献于世界和平有着坚强的决心，因此我们经常就南部地区的现状交换意见。我还记得，我们曾一起在芝加哥听过金的讲演。

池田　二位是在参加和平和人权运动过程中，作为拥有共同的崇高理想的"同志"相知相遇，进而加深彼此间的理解的。

罗斯玛丽夫人是位战斗在人权运动第一线、甚为杰出的女性领袖。您对留在心底的夫人的话语，都有哪些记忆？

哈丁　我们结婚后不久，我曾作为发言者之一出席一个会议。

会议结束后回到住处时，妻子这样说道："文森特，你自己也很清楚，你很擅长对情况的分析。而且，你对人们指出现在应该做什么、哪些地方还应该加强也很得心应手。这些的确都是你的长处。但是你或许还没有想到，其实人们最需要的是'鼓励'。我觉得，要想把事情做得更好，恐怕给人们以激励是最重要的。文森特，我相信这一点也会是你拿手的事情。"

妻子的话意味深长，我认为，她是在启发我意识到我应该完成的根本性使命。因为随着年纪的增长，我越发感到妻子所言的真实和正确。

池田　此语弥足珍贵，它闪烁着智慧的光芒。而且，博士能够果敢接受其建议、并将此建议付诸实践，博士亦很伟大。我感到，夫人至今仍和博士的行动形影相随。

恰如夫人所言，"鼓励"能创出一种力量，使人能衷心接受您的意见，充满希望地前进。同时，教育也必须以"鼓励"为本。

佛典中说："为人之教，车重者、涂油以助其转，船，则教之浮于水而易行。"①

"鼓励"实为使人轻松前进的润滑油和水。我们在每天的运动当中，无时无刻不在以佛法的生命哲学为基调，努力在人们心中点燃熊熊燃烧的勇气的火焰，送上无限的"鼓励"。

哈丁　是妻子罗斯玛丽给我点明了这一点，她告诉我人

---

① 《御书》。

们最需要的是"鼓励"，而且我具备鼓励人的能力。从那以后，我在所有可能的地方、以各种方法将"鼓励"付诸实践。

我们很难掌握怎样做能够给予人们以"鼓励"。但是，启发每个人发挥其自身所具有的最大的可能性、使每个人意识到他们已经具备实现胸中伟大希望和梦想的伟大力量，这是重要的。

"我看到了你的潜能。我相信你能发挥这力量。"我想，告诉他这一点，就能够给他增添力量。我尽可能地告诉他们，我相信他们能发现"最好的自己"，并且能使之得以实现。

池田　您说的完全正确。这就是人性教育的真髓所在。

佛法说："始知我心是本来之佛，即名大欢喜。"① 没有什么事比醒悟到自身之尊极生命更令人喜悦的了。

总之，"鼓励"为打开人们无限的可能性、使其才华开花结果吹去一股启发的气息。

该有多少人在哈丁博士夫妇的"鼓励"之下勇敢地站起来，前进在使命的人生道路上。我仿佛看到那些昂头挺胸、奋起前进的许多民众。

2009 年 12 月，我与戈尔巴乔夫前总统再会之际，曾谈到他已故的赖莎夫人。

夫人生前曾在手稿中这样写道："我总在祈愿的是，我的丈夫永远像我们刚刚相识、他年轻时那样：勇敢、强壮，而且善良温柔。我希望，他还能唱他喜爱的歌曲，朗诵他喜爱的诗

---

① 《御书》。

句，像迄今为止那样无忧无虑地欢笑。"

谈到这句话时，戈尔巴乔夫氏微笑道："我们的人生有过戏剧性的经历。俄罗斯也有过很多令人难过的事情。她将这一切都视同自己的事情一样，为此饱尝辛酸，但终于战胜痛苦。"

我想哈丁博士大概也心同此情吧。至今仍永葆着青年时代的理想和热情，鼓励着更多的人们继续着神圣的斗争，夫人一定在为哈丁博士感到发自肺腑的骄傲和自豪，守望和保佑着您。

哈丁　谢谢。

池田　一个人是怎样伟大的存在呢？佛法教导说，所有人的生命无不蕴藏着无限的可能性。把蕴藏在这个生命当中的希望、勇气、慈悲等优秀之处挖掘出来，这就是"鼓励"。

《法华经》中说教"开示悟入"的法理，即"所有人皆具备最高的善之智慧（佛知见）"。佛法的目的就是使人"开启""显示""悟得"这真理，使之"进入"至高之人生道路。

无论遭遇何等苦难，都能勇敢地战胜；将自己的智慧和力量，自如地发挥出来——能使人达到如此境界的就是信仰，而使人能贯彻此信仰的原动力，则是来自于同志的鼓励。

总之，夫人的建议给予哈丁博士的人生以极大的启发。

聪慧的女性，其言闪烁着人生深邃智慧的光辉，蕴含着对现实的犀利观察。

我想，恐怕任何一个家庭，如果能够按照聪明妻子的主意去做，基本上是不会错的。（笑）

我还想了解一点，那就是博士夫妇是如何培养教育子女的。

身处极尽炙烈的人权运动的风口浪尖，博士和夫人是怎样教育你们的子女的呢？

哈丁 女儿雷切尔出生在我们移住南部地区刚好一年之后。

我现今依然鲜明地记得，凡到南部各个地方旅行，我们都尽可能地带上女儿。

当时我们用的是一辆黑色的福特"隼鸟"，我们把后座拆掉，把婴儿床固定在那里，这样出行的时候就可以带上雷切尔了。我们就这样将运动和育儿两立起来。我本能地感到，我们应该与女儿共同拥有我们的经验，一致行动。

和青年在一起，关心爱护青年

池田 这是段佳话。世界著名的和平学者埃莉丝·博尔丁[①]博士在与我的对谈中[②]也说过同样的见解。

博尔丁博士夫妇在参加日常性的和平活动时，也尽可能地带着他们的孩子一道参加。

博士主张，和平教育是从家庭开始的。为他人着想的心

---

① 埃莉丝·博尔丁（1920—2010）：出生于挪威的和平学者、社会学家。与经济学家肯尼斯·博尔丁结婚，边抚养 5 个子女边继续研究活动。历任联合国和平研究学会秘书长、联合国大学理事等职。与池田 SGI 会长的对话录有《向着和平文化的光辉世纪》。

② 《向着和平文化的光辉世纪》，潮出版社。

灵、为正义而行动的勇气、从自己身边创造和平的智慧——培养这些思想的大地就是家庭。

在我们创价学会里，很多年轻夫妇会带着他们幼小的孩子参加佛法生命尊严的学习，出席和平运动和对话活动。孩子们看着为他人和社会努力献身的双亲的背影，在自然形态中就会学到很多东西。

佛典中说："然传持无人，犹如木石，带持衣。"（虽有佛法，但如无传承之人，则如同一尊身着法衣、手端衣钵的木石之像，毫无用处）①

无论何种思想和信念，重要的是怎样传承给未来一代。父母如果想把思想和信念传给孩子，唯一的办法是首先自己作出楷模和行动。孩子通过父母严谨的言行，能够学到对人生来说真正重要的东西。

这个道理在培养青年人上也同出一辙。成年人如何言行比什么都重要。

从这个意义上讲，当我们谈到 20 世纪 50 年代至 60 年代人权运动历史时，不能忘记一位女性的存在。这就是曾经给很多青年以鼓励和指导的埃拉·贝克②。

---

① 《御书》。

② 埃拉·约瑟芬·贝克（1903—1986）：美国人权活动家。30 年代参加全美有色人种地位向上协会的活动。1957 年任南部基督教领袖会议事务局长，后又支援了学生非暴力协调委员会、南部会议教育基金的活动。

据说她曾担任"南部基督教领袖会议（SCLC）"事务局长，是一位卓越的女领导者。

哈丁　是的。在谈论埃拉·贝克之前，请允许我对南部基督教领袖会议做个简单的说明。

金在了解他的活动的人们的建议下，创立了南部基督教领袖会议。那是在蒙哥马利公共汽车抵制运动发生数年之后。尔后，该会议成为南部地区自由组织中最为著名的存在。

刚成立时，该会议由金的牧师朋友构成，旨在以建设性的形式参与社会变革。那时的成员几乎都是浸信会黑人牧师，自然都是男士。

金在北部地区特别是纽约活动的朋友提出建议，应该设置专职的事务局长，但却找不到能够抽得出时间主持该会议的牧师人选。

其结果，是雇用了一名名为埃拉·约瑟芬·贝克的优秀黑人女性。她意志坚定，率真直爽，令牧师们感到棘手。单是这方面的事情，就足以成为一篇故事。（笑）

池田　原来是这样啊。正是这样坦率的女士之声，才更真实。

几年前，我在给日本妇女部代表讲演时，曾经介绍过埃拉·贝克女士。

她是位从第二次世界大战前就开始献身于人权运动的女性活动家。担任南部基督教领袖会议事务局长时，虽已50过半，但变得愈发精力旺盛和活跃。

　　她的足迹遍布南部各地，培养了大批人才。据说年轻人对她格外信任。

　　成为公共汽车抵制运动导火索的罗莎·帕克斯也聚集在她的周围，从她那里得到诸多教益。

　　哈丁　完全正确！埃拉·贝克把她在南部基督教领袖会议的角色发挥得淋漓尽致，她和很多年轻人进行交流接触，表现非常出色。

　　当青年们为抗议种族歧视掀起"静坐示威"抗议浪潮时，金和南部基督教领袖会议开始描绘起蓝图，试图把这股力量列入自己正在开展的运动的青年部门里。

　　但是，充分了解青年人的活力、勇气和可塑性的埃拉·贝克认为，与其把他们作为既有组织的一个部门担负辅助性作用，莫如鼓励他们单独成立组织开展运动更加有效。于是，青年人结成了"学生非暴力协调委员会"（SNCC），她担任该组织顾问，成为其强有力的支援者。

　　池田　埃拉·贝克对青年给予了绝对的信任，由此她也赢得了青年的信任。据说她拥护青年人，当人们忠告她"您对青年过于信任了"的时候，她答道："由于年轻而犯错，那是理所当然的。"①

　　青年们一旦感受到他们在被人衷心期待、信任时，就能

_____

①　皮特·达尼尔：《失去的革命　二十世纪五十年代的美国南部》，前田绚子译，青土社。

够发挥出巨大的力量。这一点，领导者必须铭记在心。

谈到"对青年的信任"，我不禁想起英国物理学家、曾任帕格沃什科学和世界事务会议①会长和名誉会长的罗特布拉特②博士。博士现已年过九旬，依然在为和平事业奔波劳碌，与小于他 60 岁的助手一道工作着。

他在与我的谈话中，特别强调最大限度地尊重青年的朝气和干劲的重要性，说和他的年轻助手之间"像兄弟般相互鼓励，把他当作同事一样相处工作"③。

博士还为培养年轻一代科学家呕心沥血，创设了"学生·青年·帕格沃什"。

"我们必须竭尽我们所具有的一切培养年轻人"④，博士这

---

① 由科学家组成的呼吁废除一切核武和一切战争的国际会议。1955 年，11 位世界最著名科学家联名发表了呼吁废除核武器、和平利用科学技术的《罗素—爱因斯坦宣言》。据此宣言，于 1957 年在加拿大帕格沃什举办了第一届会议。后成为以核裁军、根绝战争、与各国建立信赖关系为目的的国际组织。1995 年获诺贝尔和平奖。

② 约瑟夫·罗特布拉特（1908—2005）：出生于波兰的英国物理学家、和平运动家。曾参加美国的曼哈顿计划（原子弹开发），后脱离。第二次世界大战后参与创建呼吁核裁军的科学家国际组织"帕格沃什科学和世界事务会议"，曾任秘书长、会长、名誉会长。1955 年与该会议共同获诺贝尔和平奖。曾发刊与池田 SGI（国际创价学会）会长的对话录《探索地球的和平》。

③ ［美］约瑟夫·罗特布拉特、［日］池田大作：《探索地球的和平》，潮出版社。

④ ［美］约瑟夫·罗特布拉特、［日］池田大作：《探索地球的和平》，潮出版社。

样说时那真挚的目光令人难忘。

凡重视青年、大力培养青年的团体和组织，决不会衰竭没落。它会永远发展、前进。这也是爱护青年、寄希望于青年的户田第二任创价学会会长的教诲。

不断"努力成长"

哈丁 我也这样认为。

于南部基督教领袖会议而言，激进的青年人（学生非暴力协调委员会）的存在，成为促进优化自身的催化剂。

这两者之间最大的争议，在于如何组织人的问题上。以黑人圣职者为中心是南部基督教领袖会议的传统基础，是一个以拥有超凡魅力的领袖人为中心的家长制型的组织。

而青年们在埃拉·贝克的影响下，展开的是"参加型民主主义"的理念与实践。它的组织理念是，人们广泛分担和共有领导责任，挖掘和发挥所有人作为领导的力量。金虽然认识到这一点的重要性，但他自己毕竟是黑人教会的孩子，而黑人教会和几乎所有传统教会一样，都是非常家长制的。

青年们中间存在的另一个争论的焦点是非暴力的有效性。

非暴力要求很强的忍耐力，而年轻人往往缺乏忍耐力。另外，作为美国人，他们当中很多人都把亦可称之为美国文化世界观的"以眼还眼、以牙还牙"奉为信条。他们有必要首先对自身施以再教育，把自己变革为非暴力的斗士。

因此，和其他民主运动一样，这里也存在一些复杂的情况，并非像外界看来那样一帆风顺。

随着民权运动的发展，城市和农村都诞生了很多组织。他们都有各自的理念和目标，同时又都对以金为代表的组织广受世界瞩目而感到嫉妒。

金本质上是一位极为出色的调停者。为此他经常努力与各个组织建立协作关系，但很多组织之间相互对立，相互仇视。

为此他不得不努力去建构为同一运动而战的伙伴之间的协作精神，起到调停者的作用。

池田　这也可以说是人类社会的实相。

东方有个警句，叫作"狮子身中之虫"。意思就是连被誉为"百兽之王"的最凶猛的狮子，也会被自己体内的虫子所侵蚀——这教育我们：尽管能够战胜外敌，但内部的不团结与混乱也会成为败北的原因。这句话告诫的是，万事如缺少谨慎，堡垒便有可能从内部被攻破。

这么说，金博士一边处理民权运动内部的不谐和等诸多问题，一边要与企图镇压运动的外部敌人作战。

哈丁　是的。20世纪60年代初，暴露了联邦政府和很多州政府经常策划向民权运动队伍中派遣特务的实情。金他们知道这些情况，将其视作要进行改变现状的民主的社会运动，这是一个难以避免的侧面。

我想，金在任何状况下，都把非暴力精神当作指针。他决定不让对潜入者的畏惧左右自己的思考。他总在思索怎样做才能拯救那些有伦理问题的潜入者——这就是金的精神。

只是，作为处在对组织和机构的健全性和安全负有责任的立场上的人们来说，"怎样做，才能既不堕落至与企图破坏组织的敌人那样的低层次，又能保卫自己的组织呢？"金应该处在一种纠结的境地。

这情形很像如今的美国所面临着的维护安全问题。什么是维护安全？怎样做才能实现其目的？为实现目的，是否应该牺牲他人的安全？为解决这些问题，我们在不停地格斗。

总之，金在他人生后期基本确信在组织内部至少一个人乃至两个人动机可疑。

但是金的本质是个彻头彻尾的牧师。他总是和蔼待人，想着怎样去治愈别人心灵的创伤。哪怕是对危害组织的人亦是如此。

池田　这也是金博士的魅力所在。

在斗争方针和运动策略等出现意见分歧时，他是如何归纳处理的呢？

哈丁　该如何解决对立，如何处理意见分歧，金始终在学习和加深理解。出现意见对立时，很多情况下金都仔细倾听各自主张的立场，以及各自的想法和结论。

我所知道的几次是这样的：金听毕各自的意见后，先离开了房间。过一会儿返回来时，他对大家发表自己的见解说："我认为应该这样。"于是，这就成了最终的决定。

他的决定方法可能未必是最民主的，但这就是以具有超凡魅力的领袖为基础的组织形式和运营方法。

池田　也许是这样。

为确保运动的前进，领袖人物集中大家的意见，以勇气作出决断——任何运动，都要求领袖人物发挥负责任的领导能力。否则，就不能取得困难重重的斗争的胜利。任何一项运动，都会存在一定程度上的摩擦。

而且，每一个为民众所支持的新的运动，往往还伴随嫉妒、憎恶等陷害的策略。招致误解的情况也屡有发生，我们SGI也是这样。

反击这些的原动力，就是领导层团结起来，发挥远大于压力的力量，经常以清新之心不断自我革新和成长。

如同金博士不断"努力成长"一样，领袖人物必须经常以民众的视角、与民众一道以谦虚的姿态勇往直前。

同时，还要绝对切忌骄傲自满。领袖人物必须牢记自己永远是民众的代表，他的职责是为民众服务。

第二章 金博士的斗争

一、金博士的家庭和恩师

母亲和外祖母的巨大鼓励

池田 好的家庭，是创造人格的大地。社会上有益的相识相遇，是使人生盛开出花朵的宝贵的阳光。

在这里，我想聚焦一下金博士的双亲是什么样的人、金博士在他的青年时代都曾与哪些人相遇等方面的话题。

金博士出生在佐治亚州首府亚特兰大，是基督教浸信会派牧师麦克·金和艾伯特夫人的长子。他的生日是 1929 年 1 月 15 日。

哈丁博士，您见过金博士的父母吗？

哈丁 是的。我认识金博士的父母。

他的母亲艾伯特·威廉姆斯·金夫人是埃比尼泽浸信会教会牧师的女儿，这是重要的一点。

随着她的成长，不久就以音乐家身份在教会担任钢琴和管风琴的演奏。也就是说，她和教会的教徒们有着漫长的交流，这是理解她的儿子金为什么会在教会生活当中深深扎根的重要因素。

池田　是的。一个为他人殚精竭虑的母亲的背影，是会镌刻在孩子生命当中的。

金博士甚至说："教会对我来说永远是我的第二个家庭。"①

关于母亲，他还满怀感激之情地说："她对所有的孩子都注入了自尊心的感觉。"②金博士的母亲将自己的幼子抱在膝头，一边回顾过去的历史，一边告诉他为什么黑人会处在不平等的地位上。据说她对自己的孩子说："你是一个不比任何人逊色的孩子。"③

我想，对于金博士来说，"母亲的慈爱和她那信任的话语"一定化成了他最强有力的心灵支柱。不畏任何暴风骤雨，守护生命、孕育生命的"母亲"之存在，实乃伟大。

哈丁　毋庸赘言，母亲艾伯特将金引以为自豪。

我曾和她交谈过数次。我尤为清楚地记得在金博士遭遇暗杀后、开始筹备设立马丁·路德·金纪念图书馆那段时间的事。

她从自己的床铺底下拖出好几个箱子，向图书馆提供保

① ［美］克莱伯恩·卡森编：《马丁·路德·金自传》，梶原寿译，日本基督教出版局。
② ［美］克莱伯恩·卡森编：《马丁·路德·金自传》，梶原寿译，日本基督教出版局。
③ ［美］马丁·路德·金：《阔步走向自由》，雪山庆正译，岩波书店。

存多年、数量甚多的教会会报等资料。

您大概也知道，在金遇刺后，她自己也被一名神经错乱者所杀害。那名男子闯进教会，将正在弹管风琴的她枪击致死。

池田 那是一场惨剧。她曾给许多人带来精神上的激励，而自己却殉难了，这是一种高尚的殉难。我相信，她和她的儿子金博士一样，名垂千古。我们多么希望她能再多活很多年啊。

哈丁 实在很遗憾。

她和蔼持重，同时又意志坚强。

金出生后，她在自己的母亲威廉姆斯夫人的帮助下，把孩子抚养成人。我觉得这个事实非常重要。

之所以这样说，那是因为对金而言，母亲艾伯特的母亲、也就是外祖母是一位格外重要的存在的缘故。纵观各种研究文献证明，外祖母对外孙的成长影响巨大而深远。在很多与我一起工作战斗过的人，尤其是参与过社会变革活动的人们那里，都证明了这一点。

所以，外祖母"威廉姆斯外婆"的影响，于金非常重要。据我所知，金的外祖母曾经鼓励金，让他意识到自己身上具备作为伟大领袖所拥有的资质。

池田 金博士就是这样在两位伟大女性坚强有力的激励之下，不久之后成长为世界级的领袖人物。听到您刚才的叙述，我想起了我的友人、阿根廷的人权斗士、大名鼎鼎的埃斯基韦尔① 博士说过的话。

那是埃斯基韦尔博士以诺贝尔和平奖获奖者身份出席2001 年在美国召开的会议上的事。主持人向与会的五位诺贝尔奖获奖者问道："请问在各位人生当中，谁是最具有重要意义的英雄呢？"获奖者们纷纷举出的名字是"华盛顿总统""丘吉尔首相""剧作家莎士比亚""科学家居里夫人"等。

而埃斯基韦尔博士充满信心的答复是："我的英雄是我的外祖母。"那是一位聪慧的原住民女性。

博士 3 岁丧母，完全由"外祖母"一手带大。

这位外祖母在艰难困苦的年代吃苦耐劳，没有进学校读过书。尽管如此，她却具有一双能够看破人性本质的火眼金睛。

对于与埃斯基韦尔博士交往的人物，她总能作出精确的判断，给予他各种建议："那是一个善良的人。他能正确地注视你，认真倾听你的话。""要提防那个人。他不从正面看待事物。随时会用他的爪子挠伤你的。"

博士怀着对外祖母的深切感激，并借此向在平凡之中为社会做着贡献的所有尊贵的人们表达敬意，因此他的回答是："我的英雄是外祖母。"②

---

① 阿道弗·佩雷斯·埃斯基维尔（1931—　）：阿根廷和平运动家、艺术家。致力于拉美军事政权下的保护人权与对贫困阶层的救济活动。1977 年被捕，在狱中坚持了 14 个月的斗争。1980 年获诺贝尔和平奖。与池田 SGI 会长的对话录有《人权世纪的建言》。

② ［日］池田大作、［阿根廷］阿道弗·佩雷斯·埃斯基韦尔：《人权世纪的建言》，东洋哲学研究所。

哈丁　这很令人感动。

我开始注视外祖母的存在，是从约 15 年前，与妻子罗斯玛丽一道担任丹佛伊利夫神学院夏季研究班的时候开始的。

在研究班上，我们让每位参加者都回忆一下是谁引领他们走上社会变革之路的。那时，我突然注意到一个现象。

几乎所有的人都证实说，给他们鼓励、信任、并指出正确道路的，是他们的外祖母。

当然，万事都有例外。但是，"外祖母"是最大的"鼓励者"，的确是青年们的共同体验。

池田　这件事饶有兴趣。同时，这也是一个重要的证词。它所印证的是，对于孩子的成长而言，与富于人生经验的祖母、外祖母、祖父、外祖父共同生活是重要的。

只是，现代社会由于生活方式的变化，孩子们已经很少有机会从祖父母辈那里学习人生的宝贵经验了。我想，这很遗憾。

在这一点上，创价学会设有集男女老少为一体的社区性集会和活动的场所，年长者们关爱和培养着所在地区的青少年。青年们则可以从他们的人生前辈那里学得很多宝贵的经验和智慧。这是一股重要的教育力量。与此同时，许多年长者也通过交流，得以旺盛地汲取新的知识，使自己获得青春的活力。

接下来我想了解一下金博士的父亲。金博士的父亲是继承岳父之业成为教会牧师的。

金博士这样评价说："我几乎没有见过比我父亲更无所畏

惧、更有勇气的人。"①

哈丁 是的。金经常谈到他父亲的"勇气"和"勇敢"，这一点非常重要。

在民权运动时代之前的黑人社会里，"圣职者应起的作用"是坦率说出自己的见解，为变革而斗争。原因是圣职者们是以黑人社会为经济支柱的。

而从事教师等其他职业的人就不同了，他们为了保住饭碗，对白人处境屏弱，不得不限制自己的言论和行动。

在这个意义上，由于金的父亲是牧师，才有机会采取"更加独立的立场"。

也有很多圣职者们采取不冒险的中规中矩的态度，而金的父亲则依照自己的信念，富于敢讲真话的勇气。

与恩师的邂逅

池田 父亲的勇气，会传承给孩子。有一个情节广为人知，就是少年时代的金博士和父亲一道乘车时的事。

有一次，警察以如同训斥小孩一样的侮辱性语言，要金博士的父亲出示驾照。金博士的父亲大义凛然地回答说："我是个成年人。在你学会以对待成年人的口吻和我说话之前，我是不会听你吩咐的。"

---

① 《马丁·路德·金自传》。

据说警察为此义正词严的回复大惊失色，仓皇而去。①

我们不难想象，在许多人面对坚硬的种族歧视壁垒、只好选择忍气吞声的时代里，父亲所显示出的勇气，给金少年以何等勇敢和正义之心的培养啊！

哈丁　只是有一点需要指出的是，据我推测，在培养领导能力方面，金的父亲大概还称不上是一位"最好的榜样"，理由是他是一名传统的黑人牧师。

一般而言，黑人教会都不是民主性的机构，而是非常家长制的组织。因此，金必须与其传统相搏斗，开辟自己的道路，塑造自己的精神。他还需要独自深入思考关于创造什么样的组织和国家的构想。

池田　是这样。前边我们也谈到过，尽管周围的人都寄托着期待，但他根本无意继承父亲的牧师职业。

哈丁　是的。刚进入大学的时候，连他自己也搞不清楚继承父业做牧师是否是自己的真实意愿。

只是有一点他很明白，他不能接受父亲那保守的神学和对圣书的"直解主义"（根据字义解释）。

池田　使金博士改变想法的，是博士与他所就读的莫尔浩司学院的教授们的相遇。

我听说，给他以最大影响的是站在黑人解放思想最前线

---

① 《阔步走向自由》。

的本杰明·迈斯① 校长。

哈丁　是的。在谈到迈斯校长的时候，我想举出几个要点。

第一点是，迈斯校长在到芝加哥大学攻读宗教学和社会学之前，曾有过几年做牧师的经验，是一位学者和宗教领袖并举的人物。

迈斯校长还是一位杰出的雄辩家。他运用语言行云流水般自如，他的讲演可谓高超绝妙。

当时的莫尔浩司学院有个必修科目，所有学生都有参加每周三次的教会仪式的义务。其中至少有一次，是迈斯校长和全体男生的对话交流。

对话的核心是"作为未来领袖的职分"。就是说，怎样才能成为不仅是黑人社会，而是国家乃至世界的领袖，是主题之一。

这在 20 世纪 40 年代或 50 年代而言，堪称是极其强有力的讯息。

为了学生，迈斯校长还经常邀请具有各种经验和背景的人到大学来，在教会里举办讲演会。

他拓展学生的世界观，启发和让学生们理解教育并不单纯是为就业做准备，而是为了训练"全面的人才"。他这种作风逐渐广为人们所知。

---

① 本杰明·迈斯（1894—1984）：美国教育家、牧师。出生于双亲皆为奴隶佃农家庭，经苦学取得芝加哥大学博士学位。1940 年就任莫尔浩司学院校长。马丁·路德·金为其学生。

我认为，迈斯校长所做的一切，对金来说铭感至深，且魅力无穷。

池田　于青年来说，遇到杰出的人物，会成就最高的教育——这是户田会长的教诲。

我也邀请世界上众多的有识之士和领袖人物、艺术家访问创价学园和创价大学。对于学生们来说，这样的相遇每一次都是一场生动的教育。

迈斯校长以明快的语言这样谈到大学的使命："大学只送出擅长讲演和辩论、聪明伶俐的毕业生是不够的。我们应该培养的，是无论于公还是于私都值得信赖的诚实的人，是能够敏感发现社会邪恶、不幸、不公正，能够勇敢地把纠正邪恶引为己任的人。"①

迈斯校长在这段语言中，将"教育的目的是什么"这一重要提问和答案相结合，放射着高贵的正义光芒。

当觉悟到"教育的目的是什么"这一"使命"和"目的"的时候，年轻的生命就会闪烁熠熠光辉，开始发挥出巨大的能力。才华的嫩芽，就会茁壮生长。求道之心，就会炽热燃烧。与迈斯校长这一"师"的邂逅，对于金博士的人生而言，是一缕喷薄的曙光。

哈丁　是的。迈斯校长在教育界和宗教界深受无论是白

---

① Lawrence Edward Carter Sr., *Walking Integrity*: *Benjamin Elijah Mays*, Metor to Martin Luther King Jr., Mercer University Press.

人还是黑人的普遍尊敬。他还出版了社会学方面重要的研究书籍。我想，这所有的因素，都对金形成了很大的魅力。

恐怕最重要的是，迈斯校长作为学者和牧师，在学究生活与宗教使命感之间的紧张关系中找到了平衡，这一点给金带来了极大的影响。

池田　据说金博士在莫尔浩司学院读四年级的时候曾经考虑将来做牧师。

后来，金博士前往宾夕法尼亚州的克劳泽神学院深造后，进入波士顿大学神学部研究生院，获得神学博士称号。

请问此间金博士还有过哪些富有启发性的相遇呢?

哈丁　刚才我谈到迈斯校长很多的特质，另一位著名黑人哲学家、波士顿大学霍华德·瑟曼①博士也同样持有。

对于很多黑人社会的人们来说，博士是一位具有伟大精神与智慧的英雄式的存在。瑟曼博士与金的父亲是莫尔浩司大学时代的朋友。

由于博士是黑人社会的代表人物，所以经常在黑人教会、黑人学校、黑人研修中心等地举办定期讲演。

讲演活动在当时很常见，瑟曼博士通过讲演向广大听众传递自己的思想和主张，给人们以启发和鼓舞，是一位伟大的黑人演说家。

---

①　霍华德·瑟曼（1899—1981）：美国哲学家、牧师。毕业于莫尔浩司大学。1953 年就任波士顿大学宗教系主任，给马丁·路德·金等民权运动领袖以很大影响。

池田 将瑟曼博士招聘为大学宗教学院院长的，是当时的波士顿大学校长哈罗德·凯斯博士。

我曾和凯斯博士的令孙、美威尔斯利学院国际教育、宗教与精神生活学院院长的维克托·卡赞吉安教授亲切交谈过。教授是一位具有"教育改变世界"坚强信念的理性的领袖人物。

与教授的交谈当中，曾谈到他的祖父凯斯校长和瑟曼博士的友情。他回忆说，他们的友谊给他本人也带来了深远的影响。

瑟曼博士于1953年就任波士顿大学宗教学院院长职务。这是在历史悠久的白人综合大学里，首次诞生的黑人宗教学院院长。

凯斯校长没有屈服于众多无礼的反对，坚持让瑟曼博士担任该职，这一决断现在被高度评价为美国历史上"具有国家级别重要性的决断"。在瑟曼宗教学院院长的教导下，金博士攻读研究生课程，同时受到院长很大的影响。

金博士与甘地

哈丁 是的。在瑟曼博士对金的影响这一点上，有一件事十分重要，那就是20世纪30年代时，瑟曼博士和夫人曾前往印度旅行，在那里他们获得了与甘地会见的宝贵体验。

尽管当时金还是个幼小的孩子，但瑟曼博士和夫人从印度回国后，第一个造访的就是金的家。这一点不容忽略。

池田　是的，这是个需要注目的事实。

哈丁　是的。瑟曼博士直觉到，在甘地那富于勇气的"非暴力运动"中，蕴含着对美国黑人社会的讯息。

金开始理解这讯息的真实意义是在进入神学院之后，但我认为，金会牢记瑟曼博士与甘地促膝而坐，就印度和美国的状况和两者之间的关系进行过交谈。

瑟曼博士和凯斯校长一样，时常在思索"宗教与为建设公正和谐世界的运动绝非大相径庭，而是表里如一的事情"。

我认为，金之所以受瑟曼博士影响极大，理由之一就在这里。

池田　瑟曼博士在和圣雄·甘地交谈时，曾就如何在美国开展非暴力运动征求过甘地的意见。甘地说："假如真正的非暴力的讯息能够传遍全世界，那大概是由美国黑人之手所造就的。"①

在某种意义上，这成为对人类未来的"希望"和"预言"。瑟曼博士一定把这句话铭刻心间，反复进行深刻的咀嚼和思索。

大约 20 年后，瑟曼博士的学生金博士以自己的领导能力，将甘地的非暴力精神作为人权运动的根本，使之在美国社会结出硕果。如此宏大的精神传承，令人感动。

---

①　*The Collected Works of Mahatma Gandhi*，Vol.62，The Publications Division，Ministry of Information and Broadcasting，Government of India.

哈丁 实际上，美国黑人开始放眼世界，是通过由各地单独发行出版的《黑人新闻》。黑人家庭、黑人理发店、黑人教会，凡是有黑人聚集的地方，都可以看到这样的报纸。并且，这些黑人发行的报纸，远远比任何以白人为读者的报纸都对甘地寄予更大的关心。

这是由于甘地作为有色人种，向当时统治着大半个世界的西方白人的权力体制提出挑战，还有一点是因为甘地所从事的运动是以精神基础为立足点的。

池田 众多庶民通过报纸接触到甘地的精神，这非常具有深层的启发意义。甘地也发行了《年轻的印度》等报刊，向印度民众渗透非暴力的精神。

报纸的力量是巨大的。当恩师户田会长的事业陷入最难的困境时，恩师和我所构思的人性主义机关报《圣教新闻》，到明年（2011 年）将迎来创刊 60 周年。

金博士在学习甘地为抗议英国殖民统治所进行的"食盐进军"① 和"绝食"等斗争过程中，做了一个思考的转变。

在金博士和甘地的思想相遇之前，曾经认为耶稣"爱汝之敌"的伦理只有在人与人个人关系中是有效的。

---

① 食盐进军：针对剥夺印度人民制盐权利的"盐税"而开展的抗议运动。1930 年 3 月，在圣雄·甘地的带领下，78 名抗议者从萨巴马蒂静修院出发，行程 380 公里，在抵达丹迪海岸时游行队伍人数已增至数千人。共有约 500 万人参加了要求亲手精制食盐的这场运动，成为动摇英国统治的历史性运动。

也就是说，在解决社会问题时，"爱的力量"几乎是苍白无力的——譬如，在对待像纳粹那样残暴的对手，或解决种族和民族对立的时候，大概还是需要更加现实的对抗手段的。

然而甘地的行动彻底地改变了金博士的想法。金博士说："恐怕甘地是历史上第一个将耶稣的爱的伦理从个人与个人之间的交互作用大规模、强有力地提高至有效的社会力量的人。对于甘地来说，爱是变革社会和集团的强有力的道具。在甘地所强调的爱与非暴力中，我第一次发现了我在漫长岁月里所寻找的社会改革的方法。"①

金博士确信，只有爱和非暴力，才是为自由而战的现实且道德的唯一武器。恰如刚才哈丁博士所强调的那样，"宗教"和"为了正义的行动"是结为一体的。

"爱汝之敌"的博爱之哲学，往往被解释为"对敌人不发出声音"。

但是对金博士来说，应该不是这样的吧?!

哈丁　"爱汝之敌"教义的重点之一，是在希望从被敌人所强迫的苦境中摆脱出来的同时，理解和祈愿敌人也有机会从他为自己设下的圈套中得到解脱——我想，金是这样理解的。也就是"慈悲的精神"。

通过"慈悲的精神"，我们能够觉悟到，我们在这个世上的目的，是以尽可能的方法帮助人们，支援敌人能从自身的疾

———————————

① 《阔步走向自由》。

病与痛苦中重新站起来。

我们对于"爱"的幼稚理解，是无法充分理解耶稣和甘地所言之深邃的。

池田 关于这一点，甘地是这样说的："和朋友相处是容易的。但是，帮助你认为是敌人的人，才是真正的宗教之真髓。"①

真正的爱和慈悲，绝非回避斗争，向邪恶势力屈服。这是一场通过贯彻非暴力行为，从反对者心中引出"善良"之心，走向觉醒的斗争。

也可以说，是以变革自身之心去改变对方之心、改变社会，进而拯救对方的斗争。这与我们所推进的人性革命运动的思想形成深切的共振。

哈丁 我很理解。

在某种意义上说，要想充分理解像甘地和金、向青年时代的金传授甘地教诲的莫迪凯·约翰逊霍华德大学校长、瑟曼这样人格高尚的人的意图，需要从人生和博爱两个方面都具有极其成熟的深刻理解。

他们所说的"博爱"，与"我亲爱的人啊，你真可爱，你真美丽"风马牛不相及。

我记得金常说："这不是教导我们去'喜欢'（like）敌人。而是让我们去'爱'（love）敌人。"

---

① 《甘地 对我来说的宗教》，引用文为浦田广朗译，新评论。

我们在处理个人之间的人际关系上，都尚未充分认识到"爱是追求对他人做到最好"。

爱不是操纵他人，从他人那里得到自己想要的东西，而是帮助他人"找到他们应有的姿态"。爱是帮助敌人"找到真正的自己"。

池田　的确如此。在大乘佛教之精髓《法华经》中，将不轻菩萨的生活态度解释为信仰者的典范。

取自"不轻视别人"之意为其名字的不轻菩萨，是自威音王佛死后经过久远岁月才出现的修行者。

可以说，那个时代已丧失了佛的正确教导，是一个歧视和暴力横行的时代。那时不轻菩萨对所有人都说："我深敬汝等"，说教所有人都有尊贵的佛的生命。

可是，周围一些傲慢之徒不仅对他恶语相加，还用拐杖和棍棒打他，用瓦片和石头掷他。

然而不轻菩萨并没有因此而退却，他巧妙地躲避对方的暴力，依然高声呐喊"我深敬汝等"，继续他的修行。

他坚定不移地相信，在迫害自己的人们当中，也有"佛性"这一至上的尊贵生命的光辉，他依然广布他的教义。不轻菩萨以他的言行说教着《法华经》修行的真髓。

佛法说："无慈诈亲，即是彼怨"；"为彼除恶，即是彼亲。"①

其意为，如果真正是为对方着想，就不要使对方招致不

———————

① 《御书》。

幸，俨然纠正邪恶才是真正的慈爱。

在这个意义上，我很理解哈丁博士所说的"博爱"与"非暴力"的哲学意义。

哈丁 这是非常意味深长的视点。金所开始推进的方向，是以甘地的信念和基督教的教义为根据的。因此他能够在任何不公正和迫害的漩涡之中，依然拥有明确的"斗争目标"。

也就是说，斗争的目的不单纯是"结束不公正和压迫"，而是"创造崭新的现实"。这才是非暴力思想和基督教教义的意图所在。

前面我也谈过，他最终向人们诉说的理念是，如何创造"充满爱的共同体"。

即非暴力运动的终极目的，是创造出"把敌人改造成兄弟姐妹，确立起新的关系"的局面。

二、公共汽车抵制运动

为获得"人的尊严"而进行的挑战

池田 "人生如戏"。在这出戏剧中，会有成为决定性转机的邂逅和事件。

金博士从波士顿大学毕业后，于1954年前往亚拉巴马州蒙哥马利当了牧师。那时，他25岁。

金博士与妻子柯瑞塔一道，有意选择了种族歧视最为严重的南部地区，尔后不久领导了公共汽车抵制运动。

哈丁 是的。抵制公共汽车这一历史性运动的导火索，是一位名字叫罗莎·帕克斯①的平凡女性。

她多年与种族歧视做斗争，在全美有色人种地位向上协会蒙哥马利支部和黑人女性政治团体中进行活动。

引起抵制公共汽车的，正是黑人长期以来所遭受的"不公平和屈辱"的象征性事件。

在这次事件中，接踵发生了帕克斯拒绝让出白人优先席座位、警察决定将其逮捕、帕克斯为追求正义在法庭上控诉、决心向同胞们号召抵制等一系列情节。

池田 1955年12月1日星期四，帕克斯结束了在百货商店里加工服装的工作，坐上了回家的公共汽车。

帕克斯没有坐在规定为黑人指定座位的后方，而是在汽车前方落座。司机要求她给白人让座，她予以拒绝，坚决地回答说"不"。等待她的，是不公正的逮捕。对此她毫不胆怯。

哈丁 完全正确。前来逮捕她的警察问她，你为什么不让座？她问他："你们为什么都要欺负我们？"②

---

① 罗莎·帕克斯（1913—2005）：美国民权运动家。1955年在阿拉巴马州蒙哥马利因拒绝在公共汽车上给白人让座而被捕。以此为导火索，爆发了公共汽车抵制运动，1956年联邦法院作出公共汽车上的种族隔离属违宪的判决。1964年制定了公民权法。被誉为"民权运动之母"，后从事青少年教育工作。1999年美国国会授予其被誉为民间人士最高荣誉的国会金章。

② 《罗莎·帕克斯自传 黑人的骄傲 人性的骄傲》，高桥朋子译，サイマル出版会。

无言以对的警察只好说："我不知道，但是规定就是规定。现在逮捕你。"①

警察被一个他要逮捕的女性质询了其行为的"人性"和"公平性"。

池田 这是一个伟大的质询，她在试图唤醒对方的"人性"。

卑鄙的种族歧视，曾使多少人饱受苦难、流血流泪——当时的蒙哥马利积蓄和膨胀着民众多年来的愤怒浪潮。打开这奔流水闸的，是帕克斯的勇气。

帕克斯回顾当时的情况时这样说道："我知道必须有人迈出这第一步。为此，我决心拒绝让座。"②

金博士曾写道，帕克斯没有让出公共汽车上的座位，是为"时代精神"所驱策的缘故。③

请问哈丁博士，您认为公共汽车抵制运动发展到那么大的规模，理由是什么呢？

哈丁 在回答这个问题之前，请允许我确认一件事。

我认为，用所谓的"民权运动"这个词来形容我们所推进的运动，是不充分的。

我突然咬文嚼字起来了（笑），关于这一点我无论如何都

---

① 《罗莎·帕克斯自传 黑人的骄傲 人性的骄傲》，高桥朋子译，サイマル出版会。

② ［美］罗莎·帕克斯：《勇气与希望 罗莎·帕克斯语录》，高桥朋子译，サイマル出版会。

③ 《阔步走向自由》。

不能让步的理由之一，是我们的下一代在统计公民权法的数量的时候，容易这样考虑："好的，此法律和彼法律都成立了。公民权法现在已经超过七百个了，运动可以结束了。"

如果把"民权运动"称作"为扩大民主主义的运动"的话，我们的下一代就会有一种觉悟，他们有责任将所继承的民主主义继续扩大下去。

这一责任应当世代相承、永远继续下去。如何把这一重要理念传达给下一代，让他们致力于此——您也知道，这是我正在倾注热情、竭尽努力的一大课题。

总之我认为，蒙哥马利的公共汽车抵制运动是第二次世界大战后美国发展民主主义的重要的出发点。

池田　您指出了重要的一点。

金博士和哈丁博士为之斗争的人权运动，决不单纯是为保护社会上少数人和弱者的权利。同时也不是推翻白人统治体制，进而取而代之。它是一场以自由博爱的正义之潮，冲刷歧视、憎恶等非正义的污浊，争取创造真正的民主主义社会的运动。

也可以将它称之为是为争取"人的尊严"与"人类和平"的一场挑战。我希望担负着未来重任的青年们，能够从这场高尚和不屈不挠的斗争中学到很多东西。

哈丁　还有非常重要不能忘却的一点是，公共汽车抵制运动不是金发动的。

金到蒙哥马利的时候，人们已经做好了战斗的准备，其中大部分人是黑人女性政治团体的成员。他们认为，黑人在公共汽车上所受到的待遇，是残酷和非人道的，践踏了黑人的尊严，而且这种公交车上的种族隔离政策是违反宪法的。

因此，黑人社会早已做了很多事前的讨论，制订了计划，所有参加者都强烈认识到"抵制的目的是什么"。这是公共汽车抵制运动成功的理由之一。

池田 我很明白。人们都在等待"站起来的时刻"。而且，这个时机在不断成熟。

事实上，就在帕克斯被逮捕的时候，在蒙哥马利，E.D. 尼克松[1] 和拉尔夫·阿波纳西[2] 等黑人领袖迅速开始行动，在事件当晚即作出拒绝乘坐公共汽车的决定。

翌日即星期五，35000 张公共汽车抵制运动的通知传单就发放到千家万户，准备工作如电光石火般快速推进。[3]

帕克斯被逮捕 4 天后的 1955 年 12 月 5 日，事情就发生在这个星期一的早晨。平时挤满黑人乘客的公共汽车从始发车开

---

[1] 埃德加·达尼埃尔·尼克松（1899—1987）：美国人权活动家。作为全美有色人种地位向上协会领导人，在阿拉巴马州蒙哥马利市开始公共汽车抵制运动。曾与马丁·路德·金等创立"蒙哥马利改良协会"。

[2] 拉尔夫·阿波纳西（1926—1990）：美国人权活动家、牧师。作为马丁·路德·金的盟友为民权运动挺身而出。1968 年金遇刺后，曾任南部基督教领袖会议领导人。

[3] 参照詹姆斯·巴德曼《黑人歧视与美国民权运动》，水谷八也译，集英社。

始，突然变得无人乘坐。人们开始步行上班。

12月5日还有一个不能忘记的故事诞生，公共汽车抵制运动实施组织"蒙哥马利权力促进协会（MIA）"设立，金博士应邀就任会长。

扎根于民众的运动

哈丁　我们决不能忘记，将金作为领袖邀请到蒙哥马利的，是蒙哥马利的民众。

民众已经觉醒，该向何处前进和该以什么为目标。

他们向金发出了这样的邀请："请做我们的代言人。您刚刚获得哲学理论的博士学位，作为一位有学识的人物得到了社会的承认。人们即使无视黑人的声音，但您说话人们还是会倾听的。请做我们的代言人吧。"

如何对待人们的邀请，金必须作出决断。

据柯瑞塔夫人说，作出决断并没有花费很长时间。

在1955年的蒙哥马利，做反体制的黑人们的代言人意味着什么——很显然，这不是单纯对着照相机做姿态，向媒体说些口号那么简单的事。

这是要搭上性命的事，金很清楚这一点。

池田　他怀着极大的决心作出了决断。

实际上当时第一个推举金博士出任"蒙哥马利权力促进协会"会长的拉法斯·路易斯，是我们美国SGI（国际创价学会）会员的父亲。

　　在这场运动中，路易斯作为负责筹集调动代替公共汽车车辆的"运输委员会"议长，作出了他的贡献。金博士在他记述公共汽车抵制运动历史的第一部著作《阔步走向自由》中，赞扬了路易斯的努力。

　　据说，路易斯夫妇当时反复叮嘱他们在外地读大学的女儿（SGI 会员）："蒙哥马利很危险，尽量不要回来"，"如果回来，也绝对不要乘坐公共汽车！"

　　哈丁　很多黑人父母都在那样危险的情况中保护着他们的孩子。但是最终他们的孩子们担负起了主导性的作用。

　　池田　在公共汽车抵制运动爆发的 5 日当晚，召开了决定是否还继续这场运动的群众集会。

　　刚刚被选为"蒙哥马利权力促进协会"会长的金博士，要在集会上做主要发言。

　　这时要求他的讲演内容必须是既能使人们奋起的"战斗檄文"，又必须是不让运动走入憎恶和暴力歧途的"稳健发言"。这样两个截然相反的要求，如何才能二者兼顾呢？这是个艰难的挑战。

　　据说博士怀着祈祷似的心情，进入了群情鼎沸的集会会场。

　　哈丁　是的。回顾起来，以召集群众集会作为将自由运动纳入组织化战略的支柱，始于蒙哥马利的斗争。

　　从那以后，每周都要以一两次甚至更高的频率召集这样的集会，人们在集会上获得勇气和新的信息，认可领导层的活动。人们还永无休止地唱歌，以增强勇气和希望。这既加强了团结，又使人得到愉悦。我认为，这也是公共汽车抵制运动成功的要因。

在初期的演说中，金多次谈论到敌方所使用的一些主题。

部分黑人对自身在法律上的处境尚无确信，将白人既成势力所言囫囵吞枣。于是，金在首场集会上就揭露了敌方"公共汽车抵制运动是错误的"谬论。

金对听众说道："我们所做的没有错。如果说我们错了，那就等同于说合众国的高等法院是错误的。如果说我们错了，就等同于说合众国的宪法是错误的。如果说我们错了，那就等同于说全能的上帝错了。"①

金具有卓越的演说才能。他有一种能力，能够把从民众那里汲取的活力化为新的活力，再将这活力还给民众。这样的活力鼓舞和支撑着民众推进运动的发展。

池田　将从民众那里汲取的活力还原于民众——这样的取和还的作业很重要。

金博士以公共汽车抵制运动的正当性和理念的蓝图，给民众以绝大的"自信""确信"和"希望"。他与民众融为一体，创造出崭新的力量。

从历史角度来看，这是凡是成功的运动都具有的共同的方程式。

---

① 《马丁·路德·金自传》。

哈丁　是的。金向民众显示了人权运动不仅是为自己，同时也是为了整个美国，更是为了全世界。他意在使人们明白，他们自己在从事怎样一场跌宕起伏、波澜壮阔的斗争。

金接受了民众的邀请。是民众唤醒了金的使命感。同时，金又召唤民众的自我觉醒，使民众认识到他们的使命。当我们用领袖的视角看待金时，决不能忽视这种需要领袖与民众时时共同分享相同理念的往复作业。

那种只靠一名具有超凡魅力的领袖的奋斗，就能左右运动成败的看法，是违背"群众运动"的理念的。金从民众那里获得了勇气，民众也从金那里获得了勇气。这两者时时处于互为"给予和获得关系"之中。

池田　扎根于民众这一"大地"的运动是强有力的，是不会崩溃的。

公共汽车抵制运动刚刚开始的时候，公共汽车公司和蒙哥马利市政府不以为然地认为，只要下场雨，黑人们就会回来乘坐公共汽车的。

但是下雨了，人们依然自豪地步行。无论是反对者的破坏，还是暴力性的威胁，人们毫无畏惧地团结在一起，以非暴力的勇气沉着应战。

金博士在著书中这样描写当时的情景：

当向一位因公共汽车抵制运动而徒步走了很多路的年迈母亲询问"您很累吧"的时候，那位母亲回答说："我的脚疲劳了，但我的灵魂得到了安息。"

还有一名坐在汽车上的黑人同志招呼一位步履艰难地在走路的妇女说："老奶奶，快上车吧，不要再走啦。"

但是她挥手拒绝道："我不是在为我自己走，我在为我的孩子和孙子们在走"——①

每个人都是勇敢的。每个人都燃烧着作为人的崇高使命感。这大概就是运动能够胜利的力量吧。由于众多高尚庶民的献身和团结，公共汽车抵制运动得以强有力地向前推进。

哈丁　是的。运动的发展与当初许多人的预想相悖而行。白人既成势力以为，黑人不可能团结起来建立组织。就连黑人一方在某个阶段也对自己能否真正做到一致团结行动半信半疑。

但是运动日益高涨，团结不断扩展，民众们相互鼓励，保持着高昂的士气。

金曾以团结和使命为题，这样告诉民众："请看看大家的战斗状态！多么威武雄壮！大家都是何等的出色！"

金始终号召人们，说民众具有无穷的力量，他们的斗争决非是没有意义的事情。

这亦是我所一直强调的，坚信他们自身的斗争不仅是为了美国也是为了整个世界的民众，是这场运动力量的源泉。不久，来自全世界的激励信电纷至沓来。

民众的决心、勇气、忍耐导致了运动的成功，是毋庸置疑的事实。他们坚持拒绝乘坐市政公共汽车长达一年。以公共

---

① 《阔步走向自由》。

汽车为主要交通工具的，是女佣人、厨师、清洁工、搬运工人等劳动阶级的庶民。因为一般从事其他职业的专业人员都有自家车，想到哪里就可以自由来往。

民众以勇气而行动，同时又相互看到了别人的富于勇气的行动。可以说，这也是公共汽车抵制运动成功的另一个理由。

并且他们知道，要想成就有价值的事情，一定是与牺牲形影相随的。与其甘受侮辱，他们决心去步行。

池田 这是一场满怀豪情、高举"民众正义"的伟大行进。

与此同时，蛮横无理的破坏干扰和不公正的镇压也日益严重起来。

散布金博士沉溺于奢侈的流言与企图煽动黑人之间内讧和分裂的形形色色的谋略，以些许小事为借口的非法逮捕与每天多达数十份的恐吓信和恐吓电话……但是，金博士对这一切毅然予以坚决反击，始终和人们共同勇敢战斗。

"非暴力"之胜利剧

哈丁 是的。于是 1956 年 1 月 30 日，金的家被人投掷了炸弹。

我认为，这次事件更坚定了金的决心，同时也更加深了民众对他的尊敬。对于金的非暴力哲学而言，此事件成为巨大的试金石。

如您所知，遭遇爆炸之后，人们被激怒了，大批地涌向金的住宅，其中不乏手握武器、决心保卫金、报复犯人的人。

金没有放过这一绝好的机会。他一边再次对支援者强调说，斗争的根本之处不能有"报复"，一边号召人们放下武器，不是用野蛮的道具，而是要用"勇气"去战斗。

金总是利用一切机会，号召民众"要想显示出比镇压方更为崇高的人性，我们要不断提高自己"。

池田 金博士在面对生命危险的时刻，以他自身的典范行为，告诉着人们非暴力精神到底是什么。

博士的确是一位演说的天才。但我们更要看到，博士自身充满勇气的行动，要比演说更具震撼的感召人心的力量。

罗莎·帕克斯曾这样说过："给金博士的演说和说教赋予正当性的，不只是他的言语，更是由于他忍受了入狱、殴打、虐待、恐吓和自家住宅被爆破等为了正确的事情人所能付出的最大牺牲，以及从蒙哥马利一直坚持走到孟菲斯。希望我们不要忘记这些。"①

哈丁 完全正确。公共汽车抵制运动成功的另一个要因，是民众自我显示了这场运动的宗旨既不是复仇也不是打倒白人体制。

他们向人们展示的，是根据抵制邪恶的"非暴力哲学"

① 〔美〕克莱伯恩·卡森、克里斯·谢泼德编著：《我有一个梦想 马丁·路德·金说教·讲演集》，梶原寿监译，新教出版社。

所作出的行动。这一点受到全世界的瞩目，这是对包括蒙哥马利当地白人在内的所有白人们良知的控诉。

此时恰逢电视机开始在美国家庭普及，这也明显是运动成功的理由之一。通过电视，整个美国的黑人和白人支持者均将耳目集中在蒙哥马利的局势上。受益于此，凡对公共汽车抵制运动怀有共鸣的人们，都得以给予运动以尽可能的声援。

譬如，为支援需要徒步一年的蒙哥马利的人们，有人送来鞋子；工会成员则赠送了小型客车。这些温暖人心的援助提高了公共汽车抵制运动参加者的士气，给他们以鼓励。

池田　"当我们为正义与自由而战时，连宇宙都站在了我们一边。"[1] 这是我所喜爱的金博士的语言。

以长远目光来看，正义之战一定会得到时代的支持，得到贯穿宇宙的真理的支持。我们应怀此确信为正义而战，并且必须取得胜利。

在运动进入关键时刻之际，金博士和很多人一道，被以"违反抵制禁止法"的罪名遭到起诉。

众多人集中在监狱，但没有一个人恐惧，也没有人想躲避逮捕。

金博士发出了呐喊："曾经为恐怖而胆战心惊的人们，现在已经变得判若他人。曾经在法律面前瑟瑟发抖的人们，现在

---

① 　[美] 克莱伯恩·卡森、克里斯·谢泼德编著：《我有一个梦想　马丁·路德·金说教·讲演集》，梶原寿监译，新教出版社。

在为争取自由而被逮捕感到自豪。"①

在考验和战斗的洗礼当中，人们仿佛获得重生一般，变得十分勇敢。

金博士说："团结中蕴含着惊人的力量。在真正的团结存在之处，一切试图破坏这种团结的努力，只能进一步强化这团结。"②

经过约一年的斗争，联邦最高法院判决"公共汽车上的种族隔离规定是违宪的"，公共汽车抵制运动获得了胜利。

这场始于一位拥有勇气的女士的一声"不"的运动，改变了人们的心灵，告诉了人们非暴力的重要性，并且推动了社会的巨大发展。这是伟大精神的胜利，是民众的胜利，开启了民主主义的新时代。

哈丁　是的。在斗争期间，领袖们强调了两大原则。

第一点是，运动本身和运动的发展，皆应以与民众自身最重视的宗教信条相符合的形式进行。

第二点是，运动的目的应与本国的最高理念和宪法完全一致。

就是说，金以联邦宪法与基督教信仰这两个论据，诉求了公共汽车抵制运动的理念。黑人领袖们向美国发出号召，要"忠实于基督教""忠实于民主主义理想"。

---

① 《阔步走向自由》。
② 《阔步走向自由》。

池田　是这样。我在前面也说过，第二次世界大战期间，由于我们创价学会基于信仰坚持正义之信念，遭到当时军事政权的镇压。

活着走出监狱、独自站在战败后烧焦的荒野上，户田第二代会长决心"要让悲惨二字永远从这里消失"，高擎起佛法生命尊严的思想，在日本全国掀起了一场为了和平和人权的运动。

目睹大多数百姓挣扎在生活贫困线上，脱离民众的混屯政治的残忍狠毒，户田会长激愤道："政治家在干什么呢！""老百姓太可怜了！"他强调为建设人活得像人的社会，每一个平民百姓都应该发出自己贤明的声音，强调团结起来的重要性。

作为户田会长的弟子，我站到了群众运动的最前线。我因此也遭受了不公正的镇压，被冠以莫须有的涉嫌违反选举规定的罪名而被银铛入狱关押两周。那是发生在公共汽车抵制运动翌年（1957 年）的事。关于这场冤案，后经长达四年半的审判斗争才最终取得了胜利。与当时那些和我一起战斗的庶民英雄、勇敢的正义之母们的纽带，是我人生的至高之宝藏。

在这种状况之下，通过日本媒体的报道，公共汽车抵制运动等金博士与哈丁博士们为之战斗的人权斗争的情况，曾给予我们以巨大的勇气。因此，现在能在这里和博士对话，真使我感到一种不可思议的缘分。

哈丁　这证明，在争取人类前进的艰苦斗争中，存在着联系着我们所有人的根源性的纽带。让我们就相互的历史和未来，进行更多的畅谈吧！

池田　是的。以人性尊严为基调的正义斗争之魂，是超越国境和时代而相为呼应的。

我们的民众运动，也是由无名百姓挺身而起开展起来的斗争，每个人都为此感到无比自豪。

在漫长岁月里饱受欺凌、曾为宿命而哭泣的庶民们，已变得坚强和聪颖，他们互相鼓励，嘹亮高歌，为社会变革而前进着。

甘地的盟友、印度大诗人泰戈尔① 曾经这样呐喊："人的历史，在耐心等待被侮辱的人们取得胜利的那一天。"②

最苦难的人们，必须是创造崭新历史的主人公。而且，他们拥有这样的权利。

我认为，金博士、哈丁博士们所推进的"扩大民主主义的运动"和创价的和平、文化、教育的民众运动，皆为其强有力的证明。

_____

① 拉宾德拉纳特·泰戈尔（1861—1941）：印度诗人、思想家、教育家。曾留学英国，回国后发表大量诗歌、小说、戏曲，并涉猎绘画创作。1901 年在波尔普地区的圣汀尼克坦（和平之乡）设立了寄宿学校（后发展为泰戈尔国际大学）。致力于东西文化的融合，曾前往世界各地进行讲演。1913 年其抒情诗集《吉檀迦利》获诺贝尔文学奖。

② 《飞鸟集》，藤原定译，收于《泰戈尔著作集》第一卷，第三文明社。

三、一九六〇年的苦斗和荣光

学生静坐抗议运动

池田 任何变革，均产生于勇气之举。亚拉巴马州蒙哥马利的公共汽车抵制运动（1955—1956）的成功，给南部地区为人权运动而战的人们以巨大的勇气和自信。以公共汽车抵制运动为新的起点，旨在废除种族歧视、创造更加公正民主的美国社会的漫长而艰险的斗争在进一步开展。

在这场历史性的斗争中，担负了重要作用的到底是谁呢？我们应该注意到的事实是，成为其巨大力量的，是燃烧着火热使命感的学生，是青年们。

请问哈丁博士，您怎样评价青年们的活跃在美国人权斗争中的意义呢？

哈丁 给人权运动注入崭新和强有力活力的，的确是青年。

当时处于冷战时期的美国，白人领袖们自诩是"自由世界的盟主"，他们在说教民主主义思想的同时，又设置了"种族隔离"的现实。这一矛盾在以大学为首的存在种族歧视的教育机构等青年聚集的地方，掀起了强烈的能量。

许多非裔美国青年认真地相信白人领袖所宣扬的民主主义的理想，并将其视为自己的理想。此刻，青年们化作了"变革的力量"，自由运动在不断扩大，他们号召国民"要争取实现美国所揭示的最完善的理想"。

蒙哥马利的公共汽车抵制运动于 1956 年秋取得了胜利。在接下来的 1957 年 5 月，以青年为中心的"祈祷自由的巡礼"在华盛顿 DC 进行，但在此期间，并未导致广范和持续的自由运动。

进入 20 世纪 60 年代以后，青年们赋予自由运动以新的爆发力，从而跃上主要舞台。

池田　"创造新世纪的，是青年的热情和力量"，这是户田第二任会长的呐喊。再没有比为正义而燃烧着的青年的活力更加强有力的东西了。

作为南部基督教领袖会议的议长，金博士精力充沛地将足迹遍及整个南方及美国各地，传达着运动的最新信息。自 1957 年至翌年，其讲演次数就高达 200 场以上。

博士在他所到之处，都向人们心中播撒下"自由的种子""希望的种子"和"勇气的种子"。仿佛与他的热情呐喊相呼应一般，青年们掀起了新的斗争浪潮。

哈丁　是的。青年们站在最前线，整个南方地区的学生于 1960 年春天开始了"静坐示威"抗议运动。

青年们并没有在等待金的行动。他们从金的话语中获得了勇气和力量，实施了他们认为必要的行动。他们没有在单纯坐等金的引导。青年们的运动并非是依靠金而发起的，理解这一点非常重要。他们是从金那里获得了勇气，自发采取了行动。

同时我们还应铭记一点，在挺身而出投身于运动的学生当中，还有很多白人青年。对于生长在南部食古不化到令人窒息的白人社会的他们来说，同南部黑人同志一道投身于这场运动，是一个需要勇气和牺牲的决断。他们就是这样为了创造他们的上一代无法想象的世界而投身于战斗之中。

池田 这是一段重要的历史。前边我也提到过的世界宗教学权威、哈佛大学名誉教授哈维·科克斯博士也是其中的一位。

科克斯博士与金博士同龄。据说他们第一次相识，是在科克斯博士在田纳西州纳什维尔市的范德比尔特大学夏季讲座学习的时候。

当时科克斯博士正在考虑今后从事与废除种族歧视相关的工作，他在前来大学进行讲演的金博士那里受到强烈的感铭。不久以后，他们开始了私人的交往，科克斯博士应金博士邀请，经常在各种场合讲演，与金博士开始了共同的行进。

科克斯博士敬重金博士的原因是什么呢？他强调说，因为金博士俨然贯彻非暴力主义，他具有真正的"勇气"。我想，很多人都会执同样的看法。

在自身作出表率的同时，号召人们行动起来，金博士的演说具有使人从心底获得勇气、给人以对运动深信不疑的巨大魅力。

哈丁 是这样的。

金所起到的最重要的作用，是他足迹踏遍整个美国，向人们说明当下民权运动在发生着什么、这些事情具有哪些意义。他的卓越能力，在此得到了发挥。

大多数非裔美国人社会，历史上就与基督教会结有深缘，他们习惯于教会语言和教义，并对此感到亲切。因此，人们易于接受金的语言。

金使用了人们易于理解的语言方式。即使某些地方不能完全理解，人们也确信其所言都是正确的。因为他们知道，金不仅是一位卓越的雄辩家，同时他的话语是根据因为选择了勇敢的人生而面对的残酷经验有感而发的。他们还知道，金的语言扎根于基督教信仰——这一黑人得以世世代代战胜苦难的力量的源泉。

池田 这一点，很多领袖人物都应该洗耳恭听。大众是高明的，青年是敏锐的。那些只停留在口头上的伪善和欺骗，立刻会被他们的火眼金睛看穿。

正是由于有那些富于勇气的实际行动所印证，众多青年们才在金博士话语的引导下，点燃起熊熊的斗争的烈火。

哈丁 是这样的。

关于自由运动中青年突出活跃的例子，可以举出 1960 年在北卡罗来纳州一家餐厅发起"静坐抗议运动"的青年组织。

若干年后，我有机会与当初参加这场活动的几个人进行过交谈。我问他们，是在哪些因素的触发和鼓励下，开始了那场席卷整个南部和部分北部地区的静坐抗议运动的呢？

他们回答主要有两个因素。

第一个就是金博士。在他们发起这场运动的 1960 年 2 月，金已经巡回南部各地，介绍蒙哥马利的斗争，号召在各自的社区社会里发起变革。静坐抗议运动的青年们听了金的讲演后受到了触动。

第二个是受到他们所就读的高中或大学里优秀教师的影响，很多青年在这些教师那里得到了鼓励。

也就是说，他们受到了金这样的全国性的领袖人物和地方性的优秀教师的触动。

池田　最初的"静坐抗议运动"始于北卡罗来纳州农工大学的4名学生。学生们为抗议餐厅的"种族隔离"，在白人专用的柜台落座。他们决心直至餐厅为他们提供所点的饭菜、承认他们也是同样的人和平等的公民，他们将在那里静坐不走。

很多人对心中燃烧着与歧视而战的烈火、坐在座位上进行无言抗议的学生们施以嘲笑奚落，甚至采取向他们的头和脖子泼洒番茄酱和沙拉酱的野蛮行为。

但是学生们始终忍耐着，坚持非暴力的抗议，即使警察前来逮捕他们、要将他们投入监狱，也将抗议行动进行到底。

后来金博士曾这样赞扬"静坐抗议运动"的意义："当他们在餐厅柜台静坐的时候，实际上已经在为'美国梦'中最佳的理想站起来了。"[①]

这些青年认真无畏的行动，在更多的青年心中也点燃起

---

① ［日］梶原寿：《向着注定命运之地前行》，新教出版社。

斗争的火焰。于是，浪潮转瞬之间迅速扩大。

青年们的勇气与创造性

哈丁　是这样。

金总是对年轻人采取非常开放的态度，督促他们自觉认识到"你们身上肩负着变革美国的重要作用"。

我们在青年身上经常可以看到这种情形，他们受到鼓励后，会独立思考，并按照他们更为独立的路线开始行动。由于促使他们采取自主行动的是金本人，他希望他们去追求自己的使命，因此他又不得不如同一个好家长那样给他们以包容。

譬如在接下来的重要局面"自由乘车运动"中，在金一次都没有参加的情况下，青年们的运动却声势浩大。

尽管参加该项运动的许多青年遭到暴行，但运动最终赢得了在全美废除跨州长途公共交通工具的种族歧视法律规定和习惯。

池田　"自由乘车运动"是白人和黑人青年乘坐长途巴士周游各地，以检验巴士车站等交通设施是否真正执行法院判决，废除了种族隔离的运动。途中，他们在各地多次受到白人的激烈暴行和诽谤中伤。甚至有人被殴打至昏迷，有人负重伤至濒死状态。但他们始终勇敢战斗，贯彻了非暴力原则。

金博士盛情赞扬了青年们"坚持非暴力的勇气"："未来

的历史学家会把此次运动当作我国最重要的遗产将其记入史册。"①

哈丁　金对"青年的勇气"大加赞赏。

当然他也知道，青年的决断并非都是贤明的。正因为这样，才需要年轻人与年长者相互配合行动。

金在描绘"充满爱的共同体"理想的时候，将其部分基础明确定位于青年。金认为，青年的人生没有年长者所经验过的重大失望和气馁，所以也没有年长者所惯有的恐惧和偏见。

而且，青年具有巨大的勇气和创造力。故而他相信，能够给争取自由运动带来新的精神气息的是青年。

金看到了青年们出色的潜能。当然，在"静坐抗议运动"开始时，他自己也还是一名31岁的青年。

此前我们曾谈及埃拉·贝克对青年活动的贡献，是她于1960年晚春召集了南方各地的青年，号召他们结成组织的。

青年们在整个南方开展"静坐抗议运动"等要求废除种族隔离行动，将争取自由运动扩大之后，成立了"学生非暴力调整委员会"。

池田　我在前面也谈到过，在"静坐抗议运动"期间的1960年10月，我正好也在美国。

我访问的第一站是夏威夷的檀香山，接下去是旧金山、西雅图、芝加哥、加拿大的多伦多、纽约、洛杉矶等城市，这

---

①　［美］辻内镜人·中条献：《金牧师》，岩波书店。

是我对这些地方所做的第一次访问。

那时学会的会员还少，主要是日裔和结婚后从日本移民到美国的女性们。由于语言障碍和环境不习惯等等，他们有着许多不为人知的辛劳，我倾听着他们这些烦恼，全力给他们以鼓励。

我建议她们，要想作为优秀的美国人、优秀的公民活跃于社会，就要熟练掌握英语，考取汽车驾照。这些当时还处于草创期的人们，不久之后很快就在社区社会赢得了信赖，成为那些有烦恼的人们的依靠。

在纽约，我曾旁听了联合国总部的全体会议。那一年，很多相继独立的非洲国家的年轻领袖出席了会议。看到这些情景，我怀着深深的确信对同行的青年们说："二十一世纪将是非洲的世纪。"

我听说，当时非洲各国争取独立的斗争，也给美国的青年们以不小的影响。

据闻金博士常对青年们这样说："假如非洲兄弟能够打破殖民地主义的束缚，美国黑人就也能够打破吉姆·克劳法①（歧视黑人）体制。"②

在这种时代动向中，金博士和青年们为了实现民主的社

---

① 吉姆·克劳一词源于 19 世纪由白人扮演黑人表演的喜剧中的人物名称，尔后一直被用于特指美国黑人隔离制度的语言，在限制有色人种使用设施的美国南部诸州的歧视性州法当中，被统称为"吉姆·克劳法"。

② 《马丁·路德·金自传》。

会变革，进行着顽强的挑战。

哈丁　是的。无论当时还是现在，青年们都会为变革的号召所吸引。他们对"创造崭新的未来"持积极的态度。

近来美国青年们所受的教育是，过上安全、没有危险的生活是最重要的。然而20世纪60年代初的年轻人们则认为，为了自己和国家、为了创造社区社会新的可能性，舍弃安全承担风险是必要的。

我认为，青年是为"使命的召唤"所强烈吸引的。他们身上的某些东西驱使着他们向新的生活方式、新的行动等"新的挑战"靠拢。

我们成年人总是容易指点他们"这样做是安全的"，想让他们进入某种轨道。但是如果希望青年们成长，就不能让他们按照我们的想法去做。

如果希望他们遵从自身的最高信念的话，即使还看不清将来，也应该让他们去行动。只要这种行动是追求人类前进的，就应该给予他们摸索新的方法的时间与空间。或许新的路程看起来是危险的，但这是社会变革不可或缺的。

池田　这一点是应该铭记在心的。

我想，金博士的伟大之处之一，是教导青年们"人真正宝贵的活法是什么""为人民和社会做贡献有多么高尚"，使他们认识到崇高使命的所在。

胸怀远大的理想和希望、按照自己的信念去走人生道路的人是坚强的，而且是最幸福的。

柯瑞塔夫人曾这样证言金博士："我丈夫经常告诫孩子们，一个人假如没有值得他献出生命的东西，那么也就没有了活着的价值。他还说，人的一生不在于活得有多长，重要的是活的态度。"①

哈丁　真的是这样。

现在谈到了柯瑞塔夫人，请允许我补充一下。夫人很理解，在美国的民主主义变革运动中，金起着变革"推进者"的作用。这一点使她在很多重要方面给金的领导能力以支撑。

夫人在认识金以前，曾受过彻底的反战教育。夫人曾就读的俄亥俄州安提奥克斯学院是一所非常进步的大学，夫人在这里受到反战、反资本主义等社会变革理念方面的哲学思想的很大影响。

柯瑞塔夫人在认识金以前就已经接触了这些理念。我认为，正因为这样，她才能够成为金坚强有力的伙伴。她不只给金以鼓励和支撑，还对眼前的现实和课题有着明确的把握。

对于自己和人权斗争所面临的重大问题，金可以和柯瑞塔夫人交流。这应该给了金以信心。

夫人是金投身于使命时，绝对不会由于危险而对他有所阻拦的真正的同志。同时，对于金来说，她又是触发丰富思想的源泉。

池田　这是非常重要的一点。

---

① 《传记　改变世界的人们2　金牧师》，松村佐和子译，偕成社。

金博士以这样的文字表达对柯瑞塔夫人的最深切的感谢："如果说我在这场斗争中成就了某些事情，那是因为在我背后和身边，有我妻子这样一位献身的、富于理解力的、具有忍耐心的同志。"①

有人说过，在伟大的男人身边，总会有一位伟大的女人。

佛典中有言道："箭之飞也，是弓之力"；"夫之功是妇之力"。② 这或许是在任何时代都具共性的一个真理。

在当时复杂和激烈变化的社会形势下，金博士肩负的责任和重压何等巨大，是难以估量的。帮助他分担和支撑这些的柯瑞塔夫人，实可谓是无可替代的存在。

哈丁 一点不错。南部基督教领袖会议是由像金这样的黑人浸信会牧师活动家组成的。就是说，名如其实，是由自诩"自己是领袖"的人们成立的组织。

我们不妨想想看。1957 年这个领袖会议成立、金担任议长重责时，他只有 28 岁。这是一个还处在成长之中的青年的年龄。该会议不乏妄自尊大类人物，动辄就是"要想拯救美国的灵魂，应该如此如此"，金必须与这样一些固执己见的对手激烈交锋。这是一项极其困难的工作。

池田会长也是在年仅 32 岁时就任创价学会会长的吧。

① 《马丁·路德·金自传》。
② 《御书》。

正义的前进与歌声相随

池田 是的。当时学会中也有很多前辈干部，但理事会一致决定要我这个户田第二任会长的亲自传授弟子来担任。我觉得自己还太年轻。

那时我还身陷于因莫须有的违反选举嫌疑的法庭审理当中（1962 年 1 月判决无罪）。我的真实想法是，在取得法庭胜利之前，希望还能再给我一点缓冲的时间。但我无法拒绝一而再、再而三的强烈要求，在恩师逝世 3 周年纪念活动结束后，接受了会长职务。就任仪式是在 1960 年 5 月 3 日举行的。

就任仪式结束回到家时，看到晚餐仍是一桌与平日并无区别的简单的晚饭。

按照日本的传统习惯，有喜事的时候要吃用黏米和小豆做的"红小豆饭"。于是我说："我以为今天有红小豆饭呢，谁知和平时一样啊。"妻子听了，干脆地说："从今天开始，我想我们家就没了主人了。所以，今天是我们池田家的葬礼，我没做红小豆饭。"

从那以后，每逢 5 月 3 日就任会长纪念日，妻子好像都有"你还活着呢"的感慨。恩师在担任会长 7 周年时，结束了他的生涯。妻子第一次给我做红小豆饭，是我就任会长 8 周年的 5 月 3 日。

总之，我和妻子都决定"为了学会的同志的幸福，为了构筑和平的社会，我们高兴为此而牺牲"。

请问关于金博士的家属，您都有哪些留下印象的事情？

哈丁　我知道金为他无法抽出时间陪伴孩子而有负罪感，并为此感到悲伤。

他和柯瑞塔夫人之间都做了哪些交谈我虽不得而知，但夫人总在想怎样才能极尽可能地给金以支持。

夫人是位心里怎样想就怎样坦率说出来的女性，她优秀且富于幽默感，这幽默感使金受益匪浅。

金选择了一个与巨大代价和困难相伴的人生。我想，即便如此，他也为做个好父亲而尽了最大的努力。

如果池田会长和夫人有机会与金夫妇相聚，那您们的交谈一定是兴趣盎然的。

池田　我以为，现在我能和哈丁博士这样对话，这与和金博士谈话具有同等的意义。我不胜感激哈丁博士。许多日本青年都高兴阅读我们的对话。

哈丁　谢谢。

关于参加自由运动的青年们的活跃，还有一个重要的特点，就是他们喜爱唱歌。

他们每逢参加各种会议或群众集会，在所有场面都带领群众高歌。

青年们在歌声中所蕴含的能量和活力，是极其强大的。

几乎所有他们带头领唱的歌曲，都是在教会歌曲基础上，根据运动内容改编而成的。

这一点也雄辩地证明了青年的创造力有多么重要。在群众集会上演唱的过程中，青年们或对歌词稍作修改，或调整旋律和拍节，将它们改编成时尚的歌曲。

对于自由运动而言，唱歌是极其重要的要素，这是毋庸置疑的事实。无论在重大的危险时刻，还是在监狱的铁窗里面，人们都在歌唱。

其中最著名的一首歌叫作《我们定会胜利》。

这首歌原本是黑人教会的歌曲，歌名叫《有一天我会胜利》。20世纪30年代和40年代，黑人和白人活动家一道开始参加劳动运动之后，就把这些歌曲运用到运动当中来歌唱。

据说到了40年代末期，劳动运动活动家、歌手彼得·席格将这首歌的歌词和歌名作了改编，歌名就叫作《我们定会胜利》。尔后，随着劳动运动和自由运动连带关系的加深，其歌词进一步得以改编和进化。

池田　《我们定会胜利》这首歌在当时日本的学生运动和青年集会上也被广泛传唱，成为著名的歌曲。这首歌具有震撼人心、催人奋起的力量。在歌声响彻的地方，就有精神的自由，就会诞生紧密的连带关系。

金博士自身也强烈相信"歌声的力量"，有一个插曲介绍了这方面的情况。

那是1962年夏天，金博士在佐治亚州的奥尔巴尼被捕入狱时的事情。当时游行的参加者接连被逮捕入狱。但是，每当一批新的被捕者被送进牢房的时候，他们都满怀自豪地高声唱着自由运动歌曲。根据后来金博士的文字记述说，这歌声给身陷囹圄的金博士以很大鼓舞。①

创价学会的历史也是如此。歌声在和平与人权的斗争中诞生，斗争则伴随着歌声勇敢地前进。学会的前进始终与民众的歌声、正义的歌声相伴而行。即使遭受到不公正权利的压迫时，大家也总是高唱着歌曲将其战胜。

哈丁 我想，这种"歌声的力量"极其重要的侧面，在于它能够给予人们"勇气"。

他们面对危险状况时，高唱着"我不畏惧，我不畏惧"。但是，这并非意味着唱的是"我一点也不畏惧"。实际上，有的时候他们也曾为恐惧而浑身颤抖。他们所歌唱的是绝不被恐怖所吓倒的决心。就是说，"我们不会为恐惧所战胜。即使恐惧，我们也不会停止我们的行动"。

他们通过歌声相互增添了勇气，化作了自由运动和参加者们的巨大力量。

他们还在有些歌曲当中巧妙揉入了幽默感。在公共汽车抵制运动中，有这样一首歌被广泛传唱。歌词是："如果公共汽车后排座位上没有坐着我，那就请到前排座位去找我吧。因为我就坐在那里。"

随着时间的流逝，这首歌的歌词也在进化。到了20世纪60年代中期，变成了"如果公共汽车后排座位上没有坐着我，那就请到汽车前边去找我吧。因为我就在那里开着车呢"。

---

① 参照《马丁·路德·金自传》。

于自由运动而言，歌曲所起的作用真的很重要。假使没有歌声的鼓舞，或许很多人就会难以战胜他们在斗争中所遇到的诸多困难。

我的兄弟池田会长，我希望有一天，您能有机会与伯尼丝·约翰逊·里刚博士见面。生长在佐治亚州奥尔巴尼的她，曾经是自由运动中负责唱歌并担任指挥的伟大的活动家之一。

她一定会很高兴地向您教唱这些歌曲。而且，她会比我更加周全详尽地为您讲述每一首歌曲所包含的"故事"。

她既是我的学生，亦是我的朋友。我无法不向她的贤明和天赋之才华致以谢忱。我希望有一天，能将她那横溢的才华披露给池田会长和夫人。

池田 我希望有一天能见到里刚博士。

总而言之，凡是诞生于人们灵魂深处的歌曲，都是会被世代传唱下去的。师户田会长经常说："无论是民族还是团体，凡兴盛之处，必有歌声。"

师承此心，我也"希望向尽可能多的友人送上勇气和希望"，"希望大家都能挺起胸膛，点燃希望，开朗勇敢地前进"——怀着这样的愿望，我也或亲自或与我的同志们共同创作了很多歌曲，手挽手肩并肩地一路歌唱过来。

崭新历史的创造，时时与朝气蓬勃的歌声同在——这是我们的信念，也是我们的确信。

四、来自监狱的书简

伯明翰的斗争

池田　做一个和黎明及早晨一起行走的人，

　　　和太阳及早晨一起行走的人，

　　　我们不怕黑夜，

　　　不怕忧郁的日子，

　　　不怕黑暗——

　　　做一个和太阳及早晨一起行走的人。①

这是哈丁博士也喜欢的兰斯顿·休斯的著名诗作中的一节。

给美国人权运动带来新的胜利之黎明的，正是那些以无所畏惧之心行走的青年和勇敢的庶民们的活跃。

如同刚才我们所回顾的那样，"公共汽车抵制运动"和"静坐抗议运动"等富于勇气的民众的行动，开始打破坚厚的时代壁垒。

此势头经过阿拉巴马州伯明翰市的历史性奋战，终于向整个美国大规模扩展，引起全世界的瞩目。

---

① ［美］兰斯顿·休斯：《守梦人》，斋藤忠利、寺山佳代子译，国文社。

这场"伯明翰的斗争"于以后人权运动的展开，具有极为重大的意义。

哈丁　是的。进行"伯明翰的斗争"的 1963 年，恰逢开拓了正式废除奴隶制度之路的林肯总统发表《奴隶解放宣言》(1863 年) 100 周年这一值得纪念的年头。

1963 年春天到来之前，当时很多自由运动团体满怀殷切期望，提出了"要在六三年实现自由"的口号，以此表明他们志在 100 周年的时候实现自由与平等。

在取得蒙哥马利"公共汽车抵制运动"胜利之后，南方和北方诸州当中依然有多个州实施公共设施上的种族隔离政策，种族歧视现象依旧严峻。

尽管联邦最高法院在"布朗第二判决"(1955) 中，命令撤销公立教育中的种族隔离，但直至 1963 年，这种歧视的现实几乎均未得到改善，甚至反而有后退的征兆。

在这种情况下，如果能在被称为"美国种族歧视和镇压最严重的城市"的"伯明翰"取得胜利，将会成为自由运动的突破口，促进运动的发展——很多人都这样认为。

在这样的时刻，伯明翰市自由运动的中枢人物弗莱德·沙特斯沃斯① 等本地牧师邀请金，开始着手展开新的斗争

---

① 弗莱德·沙特斯沃斯（1922—2011）：美国人权活动家、牧师。1957年与马丁·路德·金一道创立南部基督教领袖会议。曾遭到住宅被投掷炸弹等迫害，但仍坚持斗争。2008 年，伯明翰国际机场根据他的名字改名为"伯明翰沙特斯沃斯国际机场"。

的准备。

于是，在 1963 年早春，亚拉巴马州"伯明翰的斗争"正式启动。

池田　1963 年 1 月，我时隔两年零三个月，再度访问夏威夷、洛杉矶、纽约等城市。当时正好是我们 SGI 的和平和人权运动在美国就绪的时候。

4 月份听到伯明翰斗争开始的新闻，我即深切感到了新时代的胎动。

金博士怀着坚定决绝的决心，致力于这场运动。

他说："伯明翰的这场抗议运动，无疑是民权运动中难度最大的。但是如果成功，又势必颠覆这个国家的种族歧视的根基。沙特斯沃斯和我们都同样确信这一点。"①

勇敢投身到最困难的地方去！在那里打开突破口！只要打开难以取胜的一局，其他地方的壁垒就能够攻克！——纵观历史上众多变革运动，可以说这都是一个重要的"胜利方程式"。恩师户田会长就是以这样的信条，经常任命我去担任最难战役的负责人。

在伯明翰的斗争中，金博士首先做的工作，是为加强黑人社会的团结而遍访大街小巷，与各个小组就斗争的目的和方针，做周到细致的对话。

---

① ［美］马丁·路德·金:《为什么我们不能等待》，中岛和子、古川博巳译，美铃书房。

金博士号召人们，要鼓足勇气站起来，以"非暴力"的形式夺取自由与平等的胜利。他还诉说了打破有形和无形的白人优越主义相关制度的重要性。

博士在他所到之处，向人们讲解着——我们不需要武器，哪怕是最小的一根牙签都不需要。因为我们拥有最强的武器，那就是确信"我们做的事是正确的"。①

哈丁　无论什么样的运动，重要的是参加者发自内心的赞同和理解。要做到这一点，尽可能在所有的地方开展一对一的对话极为重要。小的聚集，能够起大的作用。

不管这种聚集规模有多小，在相知、理解、交换意见过程中，会找到超出预想的通往新的变革可能性的道路。这是我在美国创价大学的讲义当中，对学生们讲述的内容之一。

20世纪60年代，金在南部各地的大小集会上，始终进行了这种脚踏实地的、诚实的对话。在民权运动代言人当中，他是知名度最高的人物。

为了以南部地区为始、逐步将运动扩大发展至北部地区，金与其他领袖一道，策划了各种活动。他反复思索"非暴力斗争最有效的方法究竟是什么"，在战友的协助下，始终追寻推进运动的最佳良策。

在筹集运动活动经费方面，金也起到了重要作用。

池田　对任何运动而言，财政都是现实问题，是生命线。

---

① 参照《马丁·路德·金自传》。

我们创价学会也是如此，户田第二任会长为实现牧口首任会长的理想，在日本快速向军国主义倾斜的严峻的政治和经济状况中，自年纪尚轻的时候就毅然担负和支撑起学会（当时的名称为创价教育学会）的财政重担。

金博士在伯明翰的斗争中也面对着这样的财政问题吧。在伯明翰，做好巩固团结工作后的金博士，决心亲自参加游行，做好了被捕和被关进牢房的准备。但是，当被捕人数达到四五百人之后，所需要的保释金出现了不足。

于是，伙伴当中出现了"希望金博士不要去参加抗议行动"的呼声。原因是如果博士被抓进监狱，就无法再筹集资金，那样的话很多同志可能要被关在牢房里而无法解救。

金博士陷入了深深的苦恼。假如筹措不到资金，是否等于抛弃那些相信自己、鼓足勇气走向监狱的人们呢？

可是，若想打碎令数千万人痛苦不堪的不公平的歧视，无论如何自己都要站在斗争最前线勇往直前，除此之外别无选择——金博士怀着这样的决心，前去参加示威游行，结果被捕入狱。

哈丁 是的。冒着如此危险投身于民主主义运动的领袖，他们有着旁人不知的苦恼，无时无刻不在格斗和烦恼当中，作出必须得作出的每一个决断。

池田 我很理解。刚才谈到保释金的话题，据说美国 SGI 会员回忆起孩提时代参加人权运动情况的时候，曾经自豪地讲述过他们这样的经历。

那时金博士在另一个地方被捕入狱。为了给博士筹措保释金，她母亲出售亲手做的餐食，为筹措资金到处奔波。她也曾帮助母亲出售餐食。

金博士就是在这许许多多勇敢百姓的真情支持下不断前进着的。

哈丁 是的，完全正确。金总是在民众那里得到巨大活力，并对这种支援满怀感激之情。

金和伯明翰黑人社会那些无名百姓所显示出的勇气，给北部著名黑人们——例如演员的哈利·贝拉方提① 和西德尼·波埃特② 等——以极大的触动。他们为筹集运动活动经费——特别为筹集保释所必要的资金，显示了非凡的行动力。

金对担负此运动的诸多普通民众贯彻了全心全意的忠诚，他选择了参加伯明翰的示威游行，这丝毫不令人惊讶。

1963 年 4 月 12 日，金与他的活动家伙伴一起参加游行示威，被捕入狱。此间他在狱中所写的书简，成为了解他的思想和信念的珍贵历史资料。当他的一名律师把这封书简从监狱取出来的时候，我就在场。

---

① 哈罗德·乔治·贝拉方提（小）（1927— ）：美国歌手、演员。牙买加裔黑人。1956 年，其演唱的《香蕉船》十分走红。热心于社会活动，积极支援民权运动。

② 西德尼·波埃特（1924— ）：美国演员、电影导演。1963 年作为黑人演员首次获得奥斯卡最佳男主角金像奖。代表作有《炎热的夏夜》《吾爱吾师》等。

对人们"良知"的申诉

池田　这就是著名的"来自监狱的书简"吧。金博士写这封书简的契机是什么呢？那是因为当地部分白人牧师在伯明翰的报纸上发表了谴责博士们抗议行动的声明。

在狱中看到这份声明的金博士，立即在报纸的空白处，还有他的助手、律师和活动伙伴们秘密送进来的信纸上，写了一封篇幅很长的反驳书简。

哈丁　在批判性的公开声明上署名的是 8 名白人牧师，其中几名是当地的名人。声明要求停止反歧视游行，说游行示威是"不明智、不合时宜的"。

对此，金在书简中锋芒直指这些白人教会领袖。书简在质问他们良心的同时，对他们面对种族歧视和种族隔离之罪恶保持沉默、作为基督教领袖没有采取相应行动的态度提出质疑。

池田　是这样的。牧师们谴责金博士们的抗议行动"即便是和平的，但仍促进憎恶和暴力"。

对于这些指责，金博士明快地论述了"为什么是现在"，"为什么要采取抗议行动"。他严厉谴责说，为什么身为圣职者的你们，对问题的根源"种族隔离之罪恶"执沉默态度，而对饱受其苦发出呐喊的人予以指责呢？"这岂不等同责备遇到盗窃的受害者，说因为他有钱，所以刺激了盗窃这种不道德行为的无稽之谈。"[1]

---

[1]　《为什么我们不能等待》。

哈丁　白人牧师们不去谴责罪恶，反而谴责要去铲除罪恶的一方。其理由是这样的行动会诱发暴力。

他们既不谴责制造罪恶的一方，也不谴责对非暴力抗议采取暴力报复的一方。而且，也没有谴责继续保持沉默的大多数白人。

金在书简当中，强调了对白人教会的深切失望。

金诉说道，希望白人教会的领袖们站在基督教爱的信仰这一共同基础之上，和黑人同胞一道拿出勇气共同战斗。

金可以向他们诉说："耶稣·基督的教义说，我们为弱者、贫困者、无依无靠者奉仕，就是为耶稣的奉仕。"

但他毋宁言及了宗教领袖们心中存在着"巨大的诱惑的魔掌"。他指出，这些人不站在受社会排斥和虐待的人们一边，不仅置身于体制权力者一方，还将现状加以正当化，指责变革者。

池田　白人教会的领袖们还将金博士们的行动，指责为"外来者的介入"。

对此金博士予以了尖锐的反驳："我来伯明翰乃因为这里存在着不公正。""任何一地的不公正，都会威胁到所有地方的公正。我们都被无可逃遁的相互依存的网所捕捉，被同一命运的衣服所捆绑着。"①

"不公正"在任何地方都是"罪恶"。绝不能因为它未

---

①　《为什么我们不能等待》。

对我们产生直接影响为理由，就对"不公正"的存在置若罔闻——金博士这样明言。这是我们应当铭刻于心的重要教训。

　　无论是在哪里，只要有不公正在横行，那么我们的世界就不能称之为在贯彻着公正。就应该为由于不公正而遭受苦难的人们积极去战斗——金博士将这样的心灵称作"主动分享他人不幸的能力"①。

　　佛法将其称作"同苦之心"。怀着"同苦之心"，挺身于舍己利人的行动，也是真正的信仰者的证明。

　　我们之所以在世界192个国家和地区开展草根公民运动，就是出于尽可能地解决人们的苦恼和不幸这一欲罢不能的愿望。

　　金博士在书简中强烈鞭笞着如此宗教者的"良知"。

　　哈丁　是的。金在整个书简中向宗教领袖们传递着"找回对受虐待的人们的同情，不能和他们拉开距离"。

　　也就是说，在向他们的人性进行诉说。譬如，当孩子问你，"为何不能去在电视上做了宣传广告的游乐园"时，你该如何解释？"有色人种禁止入场"这样的事实，该怎样说明？金希望"宗教领袖们"思考一下这些究竟都是怎么回事。

　　金希望人们都能抛开"白人"和"黑人"这种表面上的立场，将他们当作同样的"人"来看待。他尤其希望白人教会那些人们，不要以自己是白人为借口，对黑人也是和他们一样

① 　［美］马丁·路德·金：《爱汝之敌》，莲见博昭译，新教出版社。

的人以及他们的疾苦熟视无睹，以他们是黑人为理由拒绝和他们产生共鸣，希望他们能够正视自己的此种姿态。

他在呼吁白人教会领袖们正确理解黑人的斗争，应该引导信徒们给予他们支持的同时，还以身明示了即使是对发表谴责声明的白人牧师，他也依然爱着他们。

此时的金明白，呼吁宗教领袖"回到自己最高使命立场上来"是他自身责无旁贷的责任。他向他们呼吁道："要挑战自我"，"作为圣职者，希望你们能够在自己所在的地方走真正的基督教之路"。

他的着眼点并非放在对领袖们的谴责之上，而是问"你们原本的作用是什么？""你们明白吗？你们正在逃逸本来能够尽到职责的机会。"

池田　金博士致牧师们的书简，其理路清晰，富于说服力，洋溢着强烈的迫力。同时充满对人的信赖和温情，深深打动着读者的心扉。金博士在书简的最后，以这样的号召为结束语："让我们共同期盼种族偏见的乌云疾速漂离，误解的浓雾从我们担惊受怕的社会消散；让我们共同期盼在不远的明天，慈爱和兄弟情谊的灿烂星辰将以美丽的光辉照亮我们伟大的国家。"①

哈丁　金在狱中执笔时，仍显示了如此的希望。他决没有丧失对人的爱情与信任。

---

① 《为什么我们不能等待》。

金在他入狱约一周后获释。他重返伯明翰非暴力斗争指挥的位置上。

斗争在接下来的阶段里，增添了新的力量。包括高中生、中学生、小学生在内，孩子们热情洋溢、勇敢地加入到斗争的行列中。

建设"和谐的社会"

池田　这真是富于戏剧性的展开。金博士毕生都对青少年的力量寄予厚望。关于这一点，他在回顾伯明翰的斗争时这样讲道："我们相信，年轻人拥有响应我们号召的勇气。"①

同时他也考虑到了巨大的危险，因而对将孩子和青年卷入运动感到踌躇。我完全能够理解这种心情。

哈丁　在这里年轻人又触发了年长者，他们冒着成年人做不到的种种危险。警犬狂吠扑咬，他们勇敢面对；直至被消防用的高压水龙头横扫倒地，他们都在以跳舞的方式表达自己的气魄。

正如池田会长在前面所引用的兰斯顿·休斯的诗所歌颂的那样，他们是"和太阳及早晨一起行走的人"，"我们不怕黑夜"。

由于年轻人身上鲜有为体制所束缚的社会的和经济的责任枷锁，所以具有远高于成年人的自由。总之，他们给群众运

---

①　《为什么我们不能等待》。

动注入了新鲜生动、宛如太阳般的活力，带来成年人所没有的大胆和无畏恐怖的冒险之心。

在南方、特别是黑人社会有尊敬长辈的传统社会习惯，年轻人同时也恪守了这一习惯。

年轻人活跃于第一线，在诸多方面发挥着领导力量，但他们又能给年长者以尊敬。这是一个非常饶有兴趣的现象。

年轻人对在社会上自己所负作用的重要性的正确理解，远远超出成年人的想象。他们高唱着自由运动歌曲，坚持着非暴力行动，勇敢前进着，挺起胸膛忍受着镇压，直至被捕入狱。

在年轻人参加示威游行的第一天，当局的镇压还有所收敛，但翌日即5月3日，他们向包括孩子、青年在内的游行参加者施以消防用的高压水龙头。高压水龙头所指之处，孩子和青年被当场击倒，摔在墙壁或道路上。其场面惊心动魄，甚至连身上穿的衣服都被撕碎溅飞。

而其他游行地点，则遭遇到警犬的威胁。然而，年轻人并没有屈服。

池田　听说美国SGI的一位女会员当时就在现场。她和她两个年幼的孩子目睹了青年遭受镇压的情景，她说这令她"感到深切的悲伤和恐怖"。

人类社会决不能存在这样的行为，也不允许存在——这是再明显不过的事实了。

哈丁　您说得对。我要向无论面对什么，都履行了最高人性的青年们献上永远的感谢。

　　5 日那天，成年人和年轻人重新汇集在一处，继续示威游行。这时，当局又下了用高压水龙头放水镇压的命令。然而，手执水龙头的消防队员拒绝执行命令，就是不放水。他们的良知已经不允许他们再以暴力加害于非暴力的游行者了。

　　在这场斗争中，舆论的压力也起到了决定性的作用。对无抵抗的游行者施以警犬撕咬，对孩子们毫不留情地喷射高压水龙头，这些情况已经媒体之手报道至全世界，谴责之声哗然而起。

　　自认为冷战下"自由世界盟主"的肯尼迪政权知道，这将给自己造成很大的损害。于是，白宫与司法部立即派遣代表前往现场，参加了自由运动领袖和地区白人社会领袖之间的交涉，急于解决事态。

　　池田　可以说，金博士们的非暴力斗争，也唤起了歧视一方的人们的心灵觉醒，因而也是一场改变其"内在精神"的斗争。

　　哈丁　这是一个非常敏锐的见解。

　　"白人优越主义"的思维和习惯，不仅对黑人，对白人特别是包括孩子们在内的所有人都是有害的，这是金一贯的信念。因此他认为"我们必须爱白人，为创造'更完善的联邦'而努力。为此，有必要克服社会上的白人优越主义"。

　　由于接受了白人优越主义教育，致使白人自幼年时期就怀有扭曲的现实认识，在人格上负有深刻的伤痕——这一点通过在白人社会推进"反种族主义"活动的白人同志们的努力，现在已很明确。

金不仅仅是为黑人，他为了创造"和谐的社会"，在不断地前进，扩大斗争。

"和谐的美国"究竟是一个什么样的社会呢——这在考虑未来的时候，或者作为美国创价大学课程的一部分，都应该是一个很好的题目。

毋庸赘言，法律固然是重要的。但是，要建构"和谐的社会"，其所包含的内容之多，要超过法律的制定。

池田　这是一个重要的视点。据说在英语当中，"治愈"（heal）一词原本具有"整体的"和"完整的"意义，"健康"（health）一词也出自同一语源。在这个意义上，只有"恢复整体性"、实现"平等性"的健全的社会，才能够称之为（被治愈的）"和谐社会"（healed society）。

只有每一个人都能得到作为人的平等的尊重，互相深切信任、互相帮助、互相学习的社会，制度和法律才会发挥效用。SGI 所开展的运动，其最大的目的，恰恰也在于此。

为争取自由的伯明翰的斗争，在美国各地的强力支援和高涨的舆论与压力之下，向着大的前进方向发展着。

同时，这场运动使在世界各地为自由和民主主义而战的人们获得了勇气。

5 月 10 日，餐厅、卫生间、饮水处、试衣间等公共设施的种族隔离开始废除，公司和商店签订了保证扩大对黑人的雇用等协定，因示威游行被捕的人们全部得到释放。

哈丁　是的。这些虽然是重要的胜利，但暴力尚未结束。

第二天夜晚，发生了金弟弟的家和金下榻的饭店被炸的事件。很多尚未受过非暴力训练的黑人极度愤慨之下，欲采取报复行动。在这种情况下，肯尼迪总统着手收拾事态，派出军队。

5 月 20 日，联邦最高法院作出判决，伯明翰市的种族隔离法"违宪"。

池田　6 月 11 日，肯尼迪总统为应对伯明翰的斗争和在美国数十个城市展开的抗议行动，通过电视讲话表明废除种族歧视、向联邦议会提出"公民权法案"。

"我们面临着根本的道德问题"，他这样说道："自林肯总统宣布奴隶解放以后，实际上滞后了一百年之久。……现在到了我国应该履行这一约定的时刻。伯明翰和其他地方发生的事情，是任何市、州和立法机关都不能视而不见的要求平等的巨大声浪。……我向合众国议会提出履行该议会在长达一个世纪都没有很好履行的'在美国的生活和法律当中，不存在种族之分'的命题。"①

时代发生了巨大的嬗变，曾被视为不可能的"壁垒"被打破。

---

① 　John F. Kennedy Library website，http//www. Jfklibrary.org/Research/Ready-Reference/JFK-Speeches/Radio-and-Television-Report-to-the-American-People-on-Civil-Rights-June-11-1963.aspx.

当时正在筹备我与肯尼迪总统的会见。然而就在这一年肯尼迪总统遭到暗杀，这场会见没有得到实现，这令我至今心中遗憾。

总之，自从取得伯明翰的胜利之后，自由与正义之潮流汹涌澎湃，向着历史性的"华盛顿大游行"发展下去。

五、"我有一个梦想"

实现"华盛顿大游行"的决断

池田　历史就在"今朝"——

一步一个脚印地推进日常现实中的斗争，继承先人们宏大的梦想，使之跨越世代得以实现。再没有超越它的人类社会的长篇巨制了。

"1963 年夏天，美国黑人亲手书写了自己的解放宣言。"①金博士恰到好处地这样形容道。

在林肯总统颁布《奴隶解放宣言》（1863 年）100 周年这样值得纪念的年头，美国人权运动经过"伯明翰的斗争"，获得了更加巨大的飞跃。

其象征性事件是于 8 月 28 日星期三举行的"华盛顿大游行"。

那是一个打开了时代之门的日子。

_____

① 《为什么我们不能等待》。

当时是我就任创价学会会长职务第三个年头，终日东奔西走奔波于日本列岛无片刻歇息。此间我以炽热的目光注视着这一切。

请问这场历史性的大会是经过哪些过程得到实现的呢？

哈丁 我出席过为举行"华盛顿大游行"在伯明翰召开的最初的几次磋商。

这个磋商自始就是以在首都华盛顿举行大规模游行为前提的。原因是强有力的"伯明翰的斗争"在这一年的中间时期已经结束，有必要回应很多人希望采取进一步的、更大的争取自由行动的要求。

这也许是美国人的一种气质，曾经参加自由运动的很多人认为，当时事态的进展过于缓慢，如果想给全体美国人民以"事情的紧迫性"和"社会变革的必要性"的印象，有必要展开更加强硬的战略。

我想您也知道，在进行伯明翰斗争期间，数百个抗议种族歧视和与种族相关的种种不公正的自由运动斗争同时在各地进行着。

这一系列斗争使肯尼迪总统和他的弟弟罗伯特·肯尼迪司法部长以及政权内外的顾问们意识到，有必要由总统亲自说服议会，推进法制化，公民权的确立需要联邦政府的积极参与。

以金为首的领袖们本来考虑的就是让参加者从全美各地会合至首都，以庞大的人数举行华盛顿大游行，强烈要求通过公民权法案。

聚集全美各地的人举行"华盛顿大游行"的磋商就是在这样的背景下开始的。

池田 就是说，人们感到"时机"的到来，不，是创造"时机"时刻的到来。

据某研究人员的调查，在自伯明翰的斗争起两个半月的时间里，美国司法部统计在案的示威游行共有 758 次，举行地点多达美国 186 个城市。这等于自那一年 5 月以后，全美每天平均发生 10 次抗议行动。

关于这场运动的扩大和成果，金博士曾这样写道："自由是传染性很强的东西。它的热能几乎使上千个城市沸腾，截至鼎沸期结束，共有数千处餐厅、饭店、公园以及其他公共设施实施了种族融合。"①

在全美各地特别是南部，要求废除歧视的斗争如燎原之火熊熊燃烧，逐渐打破了社会上的种族隔离的壁垒。

就是说，结集起这场运动的洪流，为求得其进一步的发展，发起了"华盛顿大游行"。

哈丁 是这样的。

关于这次游行，全美有色人种地位向上协会、种族平等会议、南部基督教领袖会议，还有学生非暴力调整委员会等各种民权运动团体的领袖们共同进行了协商。当后来肯尼迪政

---

① 《为什么我们不能等待》。

权相关人员开始参加讨论时，对于"大游行"的看法发生了变化。

至此而止，民权运动主要以"静坐抗议运动""自由乘车运动""伯明翰的斗争"为中心而进行。

肯尼迪政权对民权运动的对应是，采纳黑人领袖的建议，起草"公民权法"。

该法适用于全美，以住宅、教育、公共设施、交通设施、投票站等与国民生活相关的所有方面为对象，政权的目标是制定一部不仅限于南部而是在整个美国将种族隔离定为非合法化的法律。

因此肯尼迪总统及其侧近认为，假如我们在华盛顿举行游行示威这种过激行为，等于给反对制定公民权法的势力以攻击材料。

池田 就是说，如果举办大规模示威游行，进而发生暴力事件，好不容易才有望成为现实的公民权法，其成立的可能性就有可能消失——很多领袖害怕出现这样的情况。现在究竟是应该前进，还是应该等待？总是要求领袖人物作出选择。

关于对于这次大游行的判断，金博士自己也叙述道："接受这个方案，需要有冒险的勇气和胆量……讨论因两种极端的见解而分为截然不同的两派。"[1] 需要他作出极其艰难的判断。

哈丁 是的。假如成千上万的黑人和运动支持者大举涌

---

① 《为什么我们不能等待》。

入华盛顿进行示威游行，会出现什么样的局面呢？是否会导致部分参加者的暴徒化呢？许多人都抱着很大的担心。

于是，肯尼迪政权和部分相当保守的黑人领袖提议，采取在华盛顿举办"集会"的形式。

具体设计为，金和几位保守派黑人领袖短暂登场，以此作为精彩场面；将集会压缩至比当初计划小的规模，缩短集会时间，然后迅速解散。

这一方案最终在大的框架下达成一致。但名称仍为原定的"华盛顿大游行"，动员人数也没有变化，为超过以往任何一次的人数。

包括数千名白人支持者在内，人们为表达对自由运动的联合和对公民权法的支持，分别乘坐巴士、飞机、电车、汽车，从美国各地纷纷聚集到华盛顿。结果其规模之大、内容之充实远远超出肯尼迪政权和保守派黑人领袖的预想。

换言之，就是民众的热情和认真，压倒了领袖们慎重至极点的态势。而且幸运的是，没有发生暴力行为。

池田　在那个历史上光辉的日子（8月28日）——据说有25万之众的人们，将从华盛顿纪念塔至林肯纪念堂的绿色广场挤满。

听说白人参加者约占整体人数的五分之一。燃烧着理想的人们昂首挺胸，超越种族差异浑然有序地汇集在一起，可谓是一幕描写非暴力运动正义与胜利的最精彩戏剧。

我听到过曾参加此次游行的美国SGI会员的证言。当年

16岁的这位女士说："那天非常炎热。我自幼受父母的影响，关心民权运动，对那些不公平的歧视感到愤慨，于是我乘坐巴士赶到那里。参加这次游行令我深为感动。"她现在作为美国SGI的领导之一在活跃。

在林肯纪念堂前，人权运动领袖们相继登上讲坛，无数观众对他们的每句讲话皆报以掌声和欢呼声。此情此景，金博士曾怀着感动的心情记述道："那难以计数的巨大群体，是最崇高的运动的活生生的跳动的心脏。"①

哈丁博士，您那一时刻身在何处呢？

哈丁　那天我为出席学术会议在（印第安纳州）美国圣母大学，我在那里和与会者一道通过会议厅的电视观看了当天的情况。

不管当初我们设想的"大游行"是什么样子的，此刻成千上万志同道合的人们会聚一堂，切肤感受结集起来的能量，那排山倒海般的活力，追求"崭新的现实"——面对眼前的壮丽景象，我感到了令人难以置信的兴奋和感动。

金讲述"希望"

池田　对于为争取运动的成功，无论在明里还是在暗中都殚精竭虑的哈丁博士来说，一定是感慨万分的。

在很多登台的人讲完话后，站在林肯纪念堂白色圆柱前

_____

① 《为什么我们不能等待》。

的，是最后一位讲演者金博士。博士回顾了至此为止漫长苦难的历史，向听众号召道："现在是走出幽暗荒凉的种族隔离深谷，踏上种族平等的阳光大道的时候。"①

他把对闪耀着和平和共生理想的美国社会的憧憬寄托在那篇著名的讲演中："我梦想有一天，在佐治亚州的红色山岗上，昔日奴隶的儿子能够同奴隶主的儿子同席而坐，亲如手足。"②

金博士的讲演通过电视和广播，唤起了全世界人民无法估量的共鸣。

附：金博士的演说《我有一个梦想》（拔萃）

（1963 年 8 月 28 日）

Now is the time to rise from the dark and desolate valley of segregation to the sunlit path of racial justice.

现在是走出幽暗荒凉的种族隔离深谷，踏上种族平等的阳光大道的时候。（中略）

I say to you today, my friends, so even though we face the difficulties of today and tomorrow, I still have a dream. It is a dream deeply rooted in the American dream.

---

① 《我有一个梦想 马丁·路德·金说教·讲演集》。
② 《我有一个梦想 马丁·路德·金说教·讲演集》。

朋友们，今天我要对你们说，尽管眼下困难重重，但我依然怀有一个梦。这个梦深深植根于美国梦之中。

I have a dream that one day this nation will rise up, live up to the true meaning of its creed: "We hold these truths to be self-evident; that all men are created equal."

我梦想有一天，这个国家将会奋起，实现其立国信条的真谛："我们认为这些真理不言而喻——人人生而平等。"

I have a dream that one day on the red hills of Georgia the sons of former slaves and the sons of former slave-owners will be able to sit down together at the table of brotherhood.

我梦想有一天，在佐治亚州的红色山岗上，昔日奴隶的儿子能够同昔日奴隶主的儿子同席而坐，亲如手足。

I have a dream that one day even the state of Mississippi, a state sweltering with the heat of injustice, sweltering with the heat of oppression, will be transformed into an oasis of freedom and justice.

我梦想有一天，甚至连密西西比州——一个非正义和压迫的热浪逼人的荒漠之州，也会改造成为自由和公正的青青绿洲。

I have a dream that my four little children will one day live in a nation where they will not be judged by the color of their skin but by the content of their character.

我梦想有一天，我的 4 个儿女将生活在一个不是以皮肤的颜色，而是以品格的优劣作为评判标准的国家里。

I have a dream today.

我今天怀有一个梦。

I have a dream that one day down in Alabama，with its vicious racists，with its governor having his lips dripping with the words of interposition and nullification，one day right down in Alabama little black boys and black girls will be able to join hands with little white boys and white girls as sisters and brothers.

我梦想有一天，亚拉巴马州会有所改变——尽管该州州长现在仍滔滔不绝地说什么要对联邦法令提出异议和拒绝执行——在那里，黑人儿童能够和白人儿童兄弟姐妹般地携手并行。

（参照美国驻日本大使馆网页《美国的历史和民主主义的基本文书》http：//aboutusa.japan.usembassy.gov/j/jusaj-majordocs-king.html、克莱伯恩·卡森、克里斯·谢波德编著《我有一个梦想　马丁·路德·金说教·讲演集》，梶原寿监译，新教出版社）

哈丁　是的。国内外反响巨大。

关于这个演说，饶有兴趣的是，至今还有一个鲜为人知的事实。

实际上在大约两个月以前，金曾在密歇根州底特律的大规模民权运动集会上发表过同样的演说（1963年6月23日）。

他在那份演说原稿基础上，加上了一些即兴发挥的内容。比如"在佐治亚州的红色山岗上"等部分，明显是为了从斗争最危险的南部赶来参加集会的人们而加上的。

金在演说中，以相当的篇幅详细叙述了如"依然贫困的生活""警察的暴行""居住区的种族歧视""恶劣的学校"等美国黑人所经历的深重苦难。

这部分的内容几乎完全没有留在人们的记忆里，但我认为，只有深刻领会他在这时列出的"抗议名单"的深重含义，方能对他的演说所涵盖的"希望"之深邃、令他发出"我有一个梦想"所表述的那样对美国寄予的无限希望给予真正的理解。这才是他所说的"梦想"的真正含义。即使在激烈的对立当中，他仍然怀有梦想，并为使梦想成真，和战友携手并肩，满怀喜悦、坚强勇敢地继续着伟大的斗争。

池田 这是崇高的历史。

漫长的种族歧视的残酷历史与摆在眼前的严峻的现实——金博士在指出解决问题所面临的困难的同时，向人们强有力地呼唤着：即便如此，也要向着未来宏大"梦想"的实现勇往直前。

金博士后来说道："假如失去希望……就会失去生命力，失去本来应有的勇气，失去无论面对何等情况仍能不屈前进的素质。"①

越是在困难的时候，领袖人物越应该给人们以俨然的希望与勇气。在每个人身上，无不蕴藏着连本人都没有意识到的巨大的可能性和力量——这大概就是博士所确信着的。

佛典说，无论是谁，人原本都是能够克服一切困难、拥有使自己闪烁出最高光芒的智慧和勇气的尊极之本体。

《法华经》中有"衣里珠喻"的著名故事：

　　——一贫寒男子到亲友家做客，受到款待后醉而入眠。亲友因急事需要外出，便在熟睡男子的衣服里缝入一颗"无上之宝珠"后离去。

　　男子浑然不知，开始流浪诸国。待他们再次相会时，男子依然贫困如前。

　　亲友大为吃惊，遂将在其衣物中缝入"宝珠"一事相告，男子喜出望外感激不已。

这个故事说明，无论何人，在其生命中都蕴藏着无限的可能性即最尊贵的佛性。故事简明扼要地说明了很多人尚没有意识到的这一点。佛法教导我们的是，不管什么事情，打破现实的钥匙就在我们自身生命当中。

哈丁　即使拥有的东西再优秀，如果本人没有意识到它

---

① 《良心的号角》。

的存在，那也无法使之变现。或许我一直在呼吁，无论是美国还是世界，都要把美国不断诞生着的多民族社会当作宝贵的"赐物"来加以接受，就是由于这样的理由。

"衣里珠喻"是个非常简明扼要、富有说服力的比喻。

池田　人们满怀欣喜地去发现自己所具有的无限的可能性——不管是什么样的运动，什么样的社会，这一点无疑都是可持续发展的重要要件。

总之，成为自由运动历史性纪念碑的华盛顿大游行，成为将运动所追求的目标建设人道主义社会这一"梦想"和"希望"倾诉给全世界人民的机会。

哈丁　在金的演说中，令人印象最为深刻的，是"尽管眼下困难重重，但我依然怀有一个梦"。

这句话的深刻寓意，远远超过其修辞和雄辩。它反映了金内心的纠葛，即尽管存在着对黑人的种种恶行和不公正，但并不丧失对美国的希望。

即便在现在，若想要创造出"昔日奴隶的儿子能够同昔日奴隶主的儿子同席而坐，亲如手足"的状况，依然是极其困难的。

面对25万华盛顿大游行的参加者和世界上数百万名听众，如何才能正确地叙述过去和现在的悲痛历史，同时又能明示对未来光辉灿烂的可能性的坚信，这就是金所面对的最大挑战。

这时金告诫听众："为争取美国变革的斗争，1963年不是一个结束，而是一个新的开端。"

通常在这种时刻，人们在心情上一般不愿回顾过去，更想只追求梦想，但是要建设"成熟的国家"，无论个人还是社会，都有必要正视过去。

我们虽然不能沉湎于过去不能自拔，但必须尽可能地坦率面对过去，同时对未来怀有希望。唯有如此，我们才能创造出通往未来变革的新的现在，使"梦想"成真且具意义。

池田　我很明白。

佛典中有这样一段著名的记述："欲知过去因，见其现在果；欲知未来果，见其现在因。"①

真挚直面过去，现在应该刻画怎样的未来之因呢？我们无时无刻不在被审问着这一点。

如同 20 世纪是"战争与暴力的世纪"这句话所象征的那样，有太多太多的人的尊严被不公正和暴力所践踏、所牺牲。遗憾的是，这种现实现在仍在继续。

21 世纪的人类要想实现"成熟的人性共和国家"，进而实现"成熟的地球社会"，就必须绝不扑灭希望的灯火，片刻无歇地继续努力。这是活在"当今"的我们每一个人的责任。

我认为，21 世纪的宗教应该起的重要作用就在于此。

1963 年 8 月 28 日，华盛顿大游行在金博士之师莫尔浩司学院迈斯校长最后进行祈祷后落下了其历史性的帷幕。迈斯是金博士莫尔浩司学院学生时代的校长，这一场面堪称是与恩师

① 《御书》。

之间美丽纽带的结晶。

哈丁 是的。金开始走上非暴力之路，在很大程度上是由于迈斯校长的教导。

我笃信，通过与他人的"人际关系"，我们最能够体验到神圣之爱这一根本真理。

无论是亲人、师长、同事还是伙伴，在一切丰富的人际关系当中，我们皆能体验到上帝的慈爱。能够发现我们自身最高的潜能，培育、形成、拓展新的可能性的，最终还是这样的人与人之间的关系。师徒关系的确是发现自我的一条美好之路。

金博士的生死观

池田 师徒是胜利大行进的原动力。

华盛顿大游行之后，在自由运动获得进一步发展的同时，企图破坏该项运动的反对势力的活动也变得更加激烈。

我们在前边也谈到过，在游行结束仅两三周后的9月中旬，就发生了伯明翰市的浸信教会被投掷炸弹，致使4名少女被炸身亡的惨痛事件。

在"伯明翰的斗争"中，这个教会是人们经常在此聚集、并成为斗争始发站的地方，这一点应该与事件不无关系。

在万分悲痛的亲人和朋友面前，金博士发表了"告别之辞"。这是献给过于年轻的牺牲者的镇魂之诗，是对遗属深沉的慈爱与鼓励。

从这个致辞当中，我们对金博士的生死观可见一斑。

死并非是人生这篇大文章的终止符，而是为通向更加高贵的富于意义的生的一个逗号。死并非是把人类带往虚无状态的死胡同，而是将人带往走向永久生命的敞开的大门。希望如此大胆的信仰与伟大的不屈的思想，在这个考验的日子里成为支撑各位的力量。①

哈丁　金受哲学思考的影响要远大于神学的思考。他是一个理解全人类、更理解整个生命之和谐的重要性的人。

我十分理解金不把生与死切割开来当作完全分开的事物看待，而是沿着连续性的脉络加以领会。

在我们从哪里来、到何处去这些无数故事的根底，具有慈爱和创造性。因此我认为，那般认真地与人生和慈爱相向的金，拥有这样的生命观是理所当然的。

另外，关于生与死，我们能够最深谈论的唯一方法，就只有是通过诗歌，了解这一点也至关重要。金在各种意义上都是一位诗人，他非常喜欢用诗的方式来表现生命。

关于由生到死的过渡，在我的记忆里没有和金深入探讨过。但是，现在听到池田会长所引用的金的话语，我认为这是他对"生命的连续性"的本来的理解，与他的"上帝的连续

_____

① 《马丁·路德·金自传》。

性"的理解相一致。

池田 在"告别之辞"中，金博士深情体贴遗属的悲哀，他这样说道："尽管此刻如此黑暗，但我们不能绝望。我们不能满怀仇恨。我们也不能试图以暴力复仇。"①

他还呼吁道："或许这几名幼小孩子之死，能够把我们整个南部从人性的冷酷无情的低窄道路引向和平与兄弟之爱的康庄大道。"②

无论在多么绝望的黑暗当中，都要寻找希望之光——这就是为了崇高的目的不惜献上自己生命的金博士不屈不挠的信念。这说明他具有坚如磐石牢不可破的"希望哲学"。

哈丁 关于"死"这个题目，从前我曾在池田会长创立的和平研究机构"池田国际对话中心"（原波士顿21世纪中心）举办的一场意味深长的研讨会上谈过我自身的体验。

于我来说非常重要的是，那成为我第一次如此深刻地思索关于"死"的意义的机会。

通过对"死"的探究，我得到的一个重要收获是清醒认识到"我走过了真正丰富的人生之路。我度过了超出想象的充满众多赐物的人生"。既然如此，那么"生"与"死"的连续性就不单纯是经验的连续性了，而在于经验的质的连续性。

我在池田国际对话中心的研讨会上得到的感悟是："如同

---

① 《马丁·路德·金自传》。
② 《马丁·路德·金自传》。

我现在对赐予我的人生心存感激之情一般，对于今后将要赐予我的死亦能心存感激之情吧。"在认识到这样的连续性的时候，不知何故我心头涌起一种莫大的喜悦。

池田　我曾在哈佛大学所做的以"生死"为题的讲演中，从佛法的睿智之眼出发谈到"生亦欢喜，死亦欢喜"。

在人生的最后，最重要的问题不是"活得有多长"，而是"活得有多善"。对于度过充实而充满喜悦人生的人而言，到来的"死"亦充满无上的喜悦——至此为止，我目睹了众多这样的人们的尊贵的生命旅途。即使因意外的事故、灾难、疾病而故去，其诚实善良人生的"心灵财富"绝无损毁。我确信如此。

欲想迎接"善之死"，必得度过"善之生"。我们所相信的"善之生"，就是为了人们的幸福鞠躬尽瘁、行动不渝的人生。佛法将这种贯穿着利他精神的实践称之为"菩萨道"。这是使"生老病死"的苦恼轮回升华为"常乐我净"之欢喜的动力。我们信仰的目的也在于此。

我确信，金博士和哈丁博士所体现的尊贵人生，正是通往菩萨道的人生。

现在回到刚才的话题，在华盛顿大游行后的1964年7月2日，"公民权法"终于在约翰逊总统的签署下成立，金博士与约翰逊总统的手握在了一起。这是跨越了前一年11月肯尼迪总统被暗杀的悲剧之后取得的胜利。

此后金博士继续精力旺盛地奔波于国内外，致力于非暴力运动；到了1964年秋天，终因劳累过度不得不住进医院。

　　就在这时，金博士收到了获得"诺贝尔和平奖"的通知。其为与种族歧视的斗争和非暴力运动所作的贡献受到了高度的评价。

　　哈丁　记得在传出探讨授予金诺贝尔和平奖的传言时，曾遭遇亚特兰大和南部白人社会的强烈抵抗。

　　原因是假如金受到国际社会的公开表彰，则等于是对黑人运动反对者的断罪，金是正确的即意味着他们是错误的。这个奖项意味着世界将给予金比"美国的英雄"还要高的评价。

　　甚至在金即将启程前往瑞典领奖的时候，亚特兰大还在争论在他回国时是否应该举办特殊的祝贺活动。

　　也就是说，对我们而言的喜讯未必对所有人来说都是喜讯。

　　但是亚特兰大市当局最终还是认识到了这对本市来说是非常值得自豪的荣誉，因为从自己的市里诞生出了为世界所赞赏的英雄。

　　池田　金博士在授奖仪式上的致辞中说，这个奖项的荣誉是对参加非暴力运动所有不屈民众每一个人的赞赏。

　　博士用飞机的航行作比喻，表达他的感激之情："每逢我乘坐飞机的时候，都时时将为保证顺利飞行所有相关的众多的人们、即各位都知晓的驾驶员和无名的地面人员放在我的心头。"①

---

①　《我有一个梦想　马丁·路德·金说教·讲演集》。

他特别谈到对那些默默无闻给他以支持的人们的谢意：
"让我们向地面整备人员表示敬意。如果没有他们的劳动和牺牲，喷射机绝不可能起飞和自由翱翔。"[1]

这些话与总是从民众中出发，以民众之心为我之心，为民众而战斗前进的金博士达到完美统一。获得诺贝尔和平奖之后，金博士的斗争在越南战争这一复杂的时代状况下继续展开着。

六、"超越越南"——因良知而奋起

不惧批评发出呐喊

池田　1964 年 12 月 2 日，我内心决定将执笔小说《人间革命》作为毕生事业，开始落笔的第一段文字就是："没有比战争更残酷的。没有比战争更悲惨的。"

20 世纪 60 年代，在印度支那半岛发生了"越南战争"之灾祸。

美国向越南投入的兵力，在 1965 年为 6 万人，而到了 1969 年则增至 54 万人以上，战争造成大量牺牲者，变得越来越悲惨。

金博士为其惨状深感忧虑，遂于 1967 年 4 月发表了历史性的演说《超越越南》，表明反对战争的立场。

---

[1] 《我有一个梦想　马丁·路德·金说教·讲演集》。

这里我想谈谈围绕这篇讲演，金博士的苦恼和决心及哈丁博士所起的重要作用。

哈丁　好的。当时金为了"在什么时候""以何种形式"发表比 1963 年、1964 年态度更为明确的反对越南战争的声明这个问题而做着内心的斗争。

他不想单纯埋没于国内的反对越南战争运动中。他想明确表明，他的反战是基于深层的宗教性和精神性的，是一个决心为将美国变革为更加民主的国家的斗争而献身、怀有这样信念的人的反战。他做好了受到尖锐批评的思想准备。在 60 年代中期，反对越南战争运动尚得不到社会的较大支持，远未达到后来那样的高涨程度。

换言之，就是当时以新闻媒体和知识分子、政治家等领袖人物的视点为代表的国内舆论还在支持战争。

池田　金博士是在何等困难的情况下发表的如此富于勇气的演说的啊。曾经呼吸着同一时代空气的我很理解他该有多艰难。

美国之所以参与越南战争，其背景为：如果某国共产化，就会产生多米诺骨牌效应，其邻国也会变成共产化——即基于"多米诺骨牌理论"的思维。美国因此主张，必须想办法把苏联、中国直至扩大到越南的共产主义潮流，在南越处阻止住。

但是，美国所支持的南越吴廷琰政权实际上是一族统治的独裁体制，将所有自己政权的反对者统统视作共产主义者，施以毫不留情的镇压。在后来发生的政变里，杨文明成为总统。

在此期间，美国更加深陷于对战争的参与。

哈丁 金必须要面对的最重要课题之一，是当时的林登·约翰逊总统将越南战争变成了自己的战争，"约翰逊总统"即等于"越南战争"。

然而约翰逊总统出身于南方的德克萨斯州，他比其他任何一位美国总统都理解解决种族问题的必要性。而且他还理解，无论推进什么样的改革，与所谓的"贫困作斗争"都是不可或缺的。

因此，在自由运动的很多方面，他们都将约翰逊总统视为自己的伙伴，约翰逊总统本人也以自由运动的伙伴和支持者自居。对于金而言，这正是他的进退维谷之处。

池田 约翰逊总统是接任被暗杀的约翰·菲茨杰拉德·肯尼迪总统之后就任的，关于民权运动也继承了肯尼迪总统的政策。

金博士等人所祈愿和为之尽力的 1964 年的《公民权法》和 1965 年的《投票权法》，都是在约翰逊总统在职期间成立的。然而同是这位约翰逊总统，其强行推进越南战争，并最终使战争陷入泥潭。

对于金博士来说，表明反对越南战争，即意味着与对民权运动表示理解的约翰逊总统正面对立。

哈丁 是的。在越南战争日益被称作"约翰逊总统的战争"之际，假如金公开反战意向，约翰逊总统有可能将其视为对自己的攻击。

但是，金无法再沉默下去。他明白，必须得指出存在于美国和越南双方之间的巨大的不公正了。

池田　在越南战火不断扩大中，日本政府表示支持美国对越南北方的轰炸，反对越南战争运动在日本国内也在展开。

1966 年 11 月，我本人从祈愿和平的佛教徒立场出发，首先在 15000 名青年面前做了要求"越南战争立即停战""美军从越南撤军"的讲演。

我还呼吁，在东京召开"维护世界和平会议"、日本应在联合国倡导具体的解决办法等建议。翌年我再次强调这些倡言，其后又于 1968 年发出关于日中邦交正常化倡言时强烈呼吁结束越南战争、建立亚洲的稳定与和平。

尔后，我致函约翰逊总统的后任尼克松总统，信中记述了为实现和平的具体提案。这封信函篇幅颇长，日文为每页 400 字、总共 40 页；英文为打字版 38 页。这封落款日为 1973 年 1 月 1 日的信函，先是托人交给当时的基辛格助理国务卿，由他转交至尼克松总统。我与掌握着越南和平交涉钥匙的基辛格氏于两年后的 1975 年 1 月在首都华盛顿会见，此后也一直保持着对话。

使太多的越南人民遭受牺牲、夺去拥有未来的年轻人生命的凄惨战争必须即刻终止——这是我们痛切的祈愿和呐喊。

哈丁　亲爱的兄弟池田会长，感谢您如此珍贵的话语。您在漫长的时间里，一直在为反对越南战争作出重要的努力。

在这一点上，完全可以把池田会长与我亲爱的兄弟金联结在一起。您的主张和反对战争的理由与金非常相似。

作为牧师，金知道战争的继续只能令两国贫穷的人们饱尝痛苦，最终令我们自身的灵魂和精神受到伤害。想着越南和她的人民，想着美国和她的人民，正因为这爱，才不得不发出反对的声音。

在培育金和我的友情过程中，关于战争的破坏性与悖理性，我们曾做过充分的讨论。我们就这个题目多次进行交谈，达到了相互的理解。在亚特兰大的时候，金的家与我家住得很近。

关于《超越越南》这篇讲演，还有一个背景。

1965年，当时我偕妻子从南方回到芝加哥，在那里完成了博士论文。写毕论文后不久，亚特兰大的斯佩尔曼学院①聘请我担任历史系主任。

但是我想，在能够更加深刻地理解"战争"的历史和含义之前，不只是斯佩尔曼学院，在任何一所大学我都无法授课。于是，我把广岛被投掷原子弹20周年纪念日那天作为起点，开始潜心研究越南战争的根源。从法国的殖民地统治开始，至越南为摆脱其统治争取独立所进行的斗争，以及美国为什么要支援法国的殖民地政策，所有的原委我都做了研究。

_____

① 斯佩尔曼学院：位于美国佐治亚州亚特兰大市传统悠久的私立女子大学，多年来为黑人女性提供了良好的教育。作为女子学校创建于1881年，自1924年起改名为斯佩尔曼学院。

由于当时我和妻子深入参加传统"和平教会"之一的门诺会的活动，因此在对整个战争的看法、特别是对越南战争的看法上，受其影响很大。

池田 是这样啊。因为这种种情况，金博士就委托哈丁博士起草反对越南战争的讲演稿了吧？

哈丁 是的。围绕这个讲演，还有另外一个背景。

1965 年夏天，金的组织南部基督教领袖会议在伯明翰召集了一个会议。如果是平常，我都参加他们的会议，但是那次由于我在芝加哥而无法出席。于是我向金和与会者发送了公开信，信中这样写道："世界上的有色人种和饱尝殖民地之苦的人们，都对我们的自由运动给予了支援和协作。在我们的国家如同殖民地主义国家一样恣意妄为的今天，我们无法对其不正当行为熟视无睹、沉默不语。每念及殖民地处境下的人们所给予我们的支持，尤其如此。"

鉴于金希望南部基督教领袖会议"更明确地表明反战立场"的想法日趋强烈，我呼吁给他以支持，敦促与会者能在会议上多做反战的发言。

同年，也许是翌年，闻知金很早起就对越南战争持反对态度的约翰逊总统，准备安排一场金和当时的驻联合国大使阿瑟·戈德堡①进行会谈。这样做是他确信，由联合国大使戈德

———————————

① 阿瑟·约瑟夫·戈德堡（1908—1990），美国法律家、政治家。肯尼迪政权时曾任劳动部长。后历任联邦最高法院法官、驻联合国大使。

堡解释为什么支持越南战争，就能够使金"改变"看法。

为准备这场会谈，金委托我为他整理谈话要点。他之所以选择了我，是根据我的公开信，和我们之间关于战争所做的交谈内容。

池田　这个插曲很好地印证了金博士对哈丁博士的充分信任。这些水面下的涌动，汇成了历史性演说的河流。

哈丁　是的。1966年秋天，忧虑着越南问题的圣职者和教徒团体委托金就越南战争在纽约河滨教会做一场演讲。这个教会是美国宗教自由主义的象征性存在之一。

金认为这次演说是向众多宗教界人士正式表明反战的绝好机会。这将不单纯是一份反对越南战争的声明，还是作为美国人、基督教徒、拥有慈爱之心的人，淋漓尽致地阐述反战理由的机会。

由于金日程非常紧张，没有时间写出一份能够充分表达自己的想法、令其满意的讲稿。然而他认识到，这是一次正式表明反战的重要机会。

正是出于这样一些情况，金委托我执笔讲演草稿。大概是他觉得大学教授要比他时间充裕的缘故吧。我想他是正确的。只是我自己当时还在斯佩尔曼学院任教，在学生们进入假期的圣诞节之前，抽不出时间来执笔。

进入圣诞节假期后没有授课了，妻子罗斯玛丽带着两个孩子去芝加哥访问亲戚，我才抽出时间独自开始打草稿。

池田　是这样啊。

　　约翰逊总统在元旦过后 1967 年 1 月的预算咨文中，还在提议继续越南战争和增税等，事态在进一步恶化。

　　金博士在委托您执笔草稿时，是否提出过他希望强调的要点呢？

　　哈丁　没有，我应该做的最重要的事，不是将草稿写成"我希望金讲这些内容"，而是"将我所理解的金的思想用语言表达出来"。

　　金委托我准备草稿，其理由不过是他没有时间去写，而我有时间。

　　金没有任何必要向我交代他希望强调哪些内容。原因是我们对所发生的事情，心灵和思想都是合二为一的。如刚才所说，我只要把我所知道的"他心中的东西"如实书写出来就行。

　　安德烈·杨是我们的中间人。我把写好的草稿交给安德烈，由他交给金。金曾将草稿拿给几个人看过，然后主要在结尾处稍作修改，讲演稿就完成了。

关于《超越越南》的记忆

　　池田　哈丁博士您说过，"准备的这篇讲稿不是单纯的呼吁反对越南战争，而是立足于'美国的健全的建设'和'越南人的幸福'这一基本点之上的"。

　　哈丁　是的。您大概知道，当时美国政府还在实施征兵制。被征入伍、送上越南战场的年轻人，基本都没有接受过大学教育。他们中间大多数人，要么没上过大学，要么没有从事一份可被称作"有意义的工作"那样的职业，他们需要一份工作。这是一个没有办法的现实。

对这个问题，金从一个牧师的立场来看这件事，而不是从一个政治家的立场。他认为，国家这样对待最贫穷的年轻人是极端错误的。

池田 20年前（1990年），我曾经和以研究越南战争而闻名的、马萨诸塞大学威廉·乔伊纳中心凯文·鲍恩所长和罗伯特·格拉斯曼理事进行过交谈。

中心的名称取自从越南战场回国、因越南战争使用的"枯叶剂"而致癌死亡的非裔美国士兵的名字"威廉·乔伊纳"。

凯文·鲍恩所长和罗伯特·格拉斯曼理事都是越南战争的经历者。在与二位会见过程中，曾谈及一个统计数字，即相对于黑人占美国人口比率约为11%，而当时被派往越南战场的黑人比例却为50%以上。

哈丁 那就是现实。

金看穿了这样的事实，在越南最遭受苦难的是最贫穷的人们，是农民，是工人。将穷人送上战场，让他们与穷人打仗，这种构图显然是极端非正义的。

金同时还十分清楚地看出，拿去做继续越南战争的预算，原本是应该用来支援美国国内贫困阶层的资金。

池田 在《超越越南》这篇讲演当中，曾言及发表于

1945 年第二次世界大战结束时越南摆脱法国殖民地的《独立宣言》。

讲演指出，在这份独立宣言的开篇，引用了美国独立宣言中的章节："人人生而平等，造物者赋予他们若干不可剥夺的权利"。

哈丁 完全正确。

1775 年，美国提示了应该是人类共同真理的理念，以此作为独立的正当依据。尽管如此，美国却无视争取从法国殖民统治下独立的越南的支援要求，违背独立宣言最神圣的原则，蔑视了宣言。

池田 讲演激烈抨击美国的姿态"陷入了不可救药的西洋式的傲慢"①。

在美国支出庞大军费扩大亚洲战火的同时，在美国国内众多庶民却在贫困与歧视的痛苦中挣扎——金博士的苦恼与悲伤沁人肺腑。

1966 年初，金博士曾在芝加哥的贫民窟租住过一间公寓，实际体验挣扎在贫困和绝望中的北方黑人们的生活。

虽然北方不存在像南方那样的种族隔离方面的法律，但在社会和教育诸多制度中的不平等在日益扩大，黑人青年当中蔓延着深刻的乏力感。

金博士巡回于各地，和那些对人生深感绝望、为社会排

_____

① 《我有一个梦想 马丁·路德·金说教·讲演集》。

斥在外的青年们对话交流，力陈火焰瓶和来福枪等暴力解决不了任何问题。

博士曾遭遇来自芝加哥贫民窟青年们的尖锐诘问。他们对于力陈非暴力的博士，严厉地质问道："那么越南战争是什么?"

"美国不正在驱使着巨大的暴力，试图以此来解决问题吗?"①

金博士痛感到青年们提出的问题切中要害，事情的确如此。据说他由此刻骨铭心地意识到，如果不能对美国的强大暴力明确表明态度，就无法对被社会排斥在外的青年们诉说"非暴力"。

我认为，金博士的反战声明，应该说也是对燃烧着对非正义的愤怒之火的青年们的声音所作出的回应。

哈丁　是的。金和我都非常强烈地意识到了他们的呼声。当时美国黑人社会的青年们，正在为不公平感、不满和愤怒而爆发着，他们放火焚烧着自己所居住的街区。

一边向面临着被南方的保安官和北方的警察所杀戮之险的黑人青年诉说坚持非暴力，一边对没有任何加害于美国的越南的农民实施暴力，这样的道理何在呢——这就是演讲的要旨所在。这些内容同时也是对来自自由运动内部的"不要将民权运动与反战运动相混淆"的批判的回应。

① 《我有一个梦想　马丁·路德·金说教·讲演集》。

金明确认识到，身为在国内和世界上赢得深切尊敬的自己，如果对美国的所作所为持沉默态度，那将是一个很大的错误。

依照"良心之声"所采取的行动

池田　金博士超越了政治上的利害和个人的保身，坚定地按照自己的"良心之声"采取着行动。博士之所以伟大，正是在于这一点。

金博士说："当站在某个立场上的时候，怯懦之心会发问道：'那安全吗？'权宜之心会发问道：'那聪明吗？'虚荣之心会发问道：'那会受欢迎吗？'然而良心会发问道：'那正确吗？'因此人会只因良心所告知那是正确的而采取必须采取的立场，尽管那立场不安全、不聪明，也不能博得欢迎。"①

这的确是从博士的信仰之心所迸发出来的生活准则。

哈丁　每逢我思考金为何要打破沉默、表明反战立场的时候，就会想起旧约圣书和其他宗教的先知们。因为当他们面对极端的非正义的时候，是不会沉默的。

金自己这样说道："因为无法沉默，才发出声音。"继续保持沉默于他来说是无法想象的。

故而我认为，他已经做好准备，即使只有他一个人，也要发出信念的呐喊，并接受由此而产生的苦难。如同在《超越

---

① 《马丁·路德·金自传》。

越南》开篇伊始所言："有时沉默意味着背叛。"①

池田 "即使只有自己一个人"——这种对和平的坚定信念，令我想起美国首位女众议院议员珍妮特·瑞恩克林②。

1941年12月，在因日军偷袭珍珠港而美国舆论鼎沸之际，只有瑞恩克林一个人在联邦议会对参战决议投了反对票，她因此而闻名于世。

1968年她与柯瑞塔·金夫人一道高呼反对越南战争，率领众多女性参加示威游行。

究竟是什么支撑着瑞恩克林女士坚定的和平思想的呢？那就是圣雄·甘地的非暴力思想。

甘地有一句名言："世界上最伟大的人总是一个人站起来的。看看伟大的预言者们吧——琐罗亚斯德、释迦牟尼、耶稣、默罕默德——他们都是一个人站起来的。"③

世界宗教创始人，皆从祈愿和平与人们的幸福出发，将信念的行动贯穿始终。

我的恩师户田会长也说过："假如这些宗教创始人聚集一堂召开会议，定会相互理解。他们很容易沟通。"他经常谈及回归原点的重要性。

在金博士一个人也要站起来的和平斗争理念当中，蕴含

---

① 《我有一个梦想 马丁·路德·金说教·讲演集》。
② 珍妮特·瑞恩克林（1880—1973）：美国首位女众议员，作为和平主义者终身致力于和平运动。
③ ［印］甘地：《对我来说的宗教》，引用文为浦田广朗译。

着以高屋建瓴的崇高精神超越人类社会的种种差异、进而推进变革的深刻哲学。

哈丁　正如金在其演说和传教中所说的那样，"我们皆为上帝的孩子"。这是他深深的确信。

因此，他无论如何也不会支持把"战争"作为解决纷争的手段。因为他的基本信条是"战争不是遵从上帝之心的东西"。

作为耶稣·基督的弟子和甘地哲学的信奉者，他不能承认将"非正义"加以正当化的战争。如同他反复陈述的那样，战争只能带来更多的邪恶，战争解决不了非正义和邪恶，只能使它们递增多少倍。

池田　说的完全正确。

越南战争剥夺和伤害了数百万人宝贵的生命。这样的悲剧，跨越着世代，今天还在继续着。①

一旦开始，就会招致无法挽回的灾祸与悲惨，这就是战争。正因为如此，世界上的宗教人士必须要像金博士勇敢站起来那样，为创造和平、为世界人民的相互理解和友好、为加强其协作作出贡献。

---

① 越南战争中的美军战死者与事故死亡者人数约为 6 万人。越南方面的死者为：越南北方与民族解放阵线军队约 100 万人，越南南方政府军约 24 万人，民间牺牲者约 50 万人。战争中所使用的枯叶剂等至今仍侵蚀着人们的身心，受害人数在日益扩大。从越南战场回国的美国士兵的身心后遗症问题深刻，据说自杀者超过 6 万人之多。

　　我们 SGI 就是以此为信念，在漫长的岁月中致力于推进这样的草根运动。

　　接下来我想谈谈金博士的反对越南战争的演讲，都引起了什么样的反响，对时代和社会都产生了哪些影响。

七、向内在变革的挑战和青年的联合

谴责"三个不公行为"

　　池田　听说在越南战争期间，河内国家大学的学生们在黝黑的防空洞里，把抓来的萤火虫装进瓶子当中，借着那微弱的光亮学习。

　　这是 2005 年秋天，越南河内国家大学的陶仲诗校长访问创价大学时，成为我们之间话题的历史。唯有教育，是击破所有黑暗、照亮人之尊严的光芒。

　　河内国家大学率先开始与美国大学的交流，为美越两国恢复邦交（1995 年）贡献卓著。

　　始于 1960 年、长达 15 年的越南战争，给两国留下了巨大的创伤。这样的两个国家之间的友好之路，由于教育的力量得以大幅拓宽，令我感到具有重要的意义。

　　21 世纪一定会成为"教育的胜利""和平的胜利"的世纪——我怀着这样深切的期待之心，与创价教育同窗的青年们一道，迎接了陶校长一行的来访。

　　在交谈过程中，我们曾谈及美国的金博士发出反对越南战争的呼声，勇敢奋起的话题。

金博士做反对越南战争的历史性讲演的时间，是 1967 年 4 月 4 日。

该讲演一经发表，立即在国内外引起巨大影响。

哈丁　是的。一位与反对越南战争运动关系颇深的朋友这样对我说："越南的人们读了金博士的讲演，感铭至深。尤其是对越南与殖民地斗争的历史事实的深刻触及，令他们深受感动。他们围绕着如何对待在越南的黑人士兵开始了认真的讨论。"

虽然金十分清楚听众中存在着各种信仰的人，但他把焦点主要聚集在宗教界进步主义者身上。他们对金发出反战的呼声怀着深深的感激之情。因为金不仅仅表明了对越南战争的反对，还就宗教的论据和今后的美国应该如何与世界相处指明了方向。

我不知道那个讲演给予越南战争的终结以多大的影响。但是对于祈求得到反战在精神和宗教上的理论依据的人们来说，它成为巨大的支撑。就是说，于致力于自由运动的人们而言，它起到了帮助他们将"自己的运动"与"发出反战声音的必要性"相结合的作用，它给予民众以勇气。

池田　与此同时，金博士的反战讲演，也受到各方人士的反感，指责之声不绝于耳。

关于谴责之强烈，金博士甚至这样写道："几乎这个国家所有的报纸都在批评我。那是我人生中的退潮期。"①

---

① 《马丁·路德·金自传》。

金博士开始不断受到恐吓，政府当局不停地强化对他的监视和盗听，他被逼迫到非常危险的境地。

哈丁　是的。金虽然事先想到了会招致各方的抵触，但是竟会如此之多，尤其是连自由运动内部也出现反驳意见，这使他感到吃惊。

金在后来追述往事时说，很多持批评态度的人，都是自由运动队伍中最保守的成员。

这些人非常害怕将民权与反战问题相"混同"。他们害怕的是，如果将民权运动与反战运动结合在一起，不仅会威胁到与约翰逊总统的关系，还会使与白人自由主义阶层的资金提供者和赞助者的关系变得危险。

池田　听说连当时世界上一些著名黑人运动领袖都对金博士的反战主张表示担忧。

而且，金博士的多年好友当中也发出反对的声音，甚至至此为止为运动共同战斗过来的全美有色人种地位向上协会也发表了谴责博士发言的声明。

哈丁　是的。遭到了激烈的抨击。记得《纽约时报》撰文说："金的行为给黑人同胞带来了巨大的损害。"《华盛顿邮报》也作出了同样的批评。

然而，无论招致怎样的结果，金依然清醒认识到这是自己必须做的事和为什么要这样做。正因为如此，他的行动才更加有分量。

金同时十分清楚以完全公开的方式反战，将是何等的危险。当时情形十分明显，很多主张维持体制的美国人，都将他视为极端危险的人物。

早在他于河滨教会发表演讲的时候，FBI（美国联邦调查局）的约翰·埃德加·胡佛①局长就称金为"美国最危险的黑人"。FBI以各种手段、绞尽脑汁地想把他置于"死地"。

池田 这一年（1967年），反对越南战争的集会和游行示威在美国各地此起彼伏。

从事对金博士也曾产生影响的市民抵抗思想主张者亨利·戴维·梭罗②研究的梭罗协会前会长波斯哥博士，曾经在与我的对话中谈到当时的情况。那时他正处在学生时代，由于参加校园内外的抗议活动，差点没有被大学处以开除处分。另外一位参加鼎谈的迈尔逊博士好像当时也参加了抗议示威游行③，许多青年凭着直觉对时代的动向抱有极大的危机感，开始发出声音。

---

① 约翰·埃德加·胡佛（1895—1972）：美国联邦调查局（FBI）局长。曾在自柯立芝总统至尼克松总统八任总统期间担任此职。

② 亨利·戴维·梭罗（1817—1862）：美国思想家。通过与埃默森等超验主义者的交往，受到极大影响。1845年起曾在马萨诸塞州康科德郊外的瓦尔登湖畔建了一座小屋，独自生活两年多，发表了阐述在自然中生活的体验与思索的《瓦尔登湖》。强烈抗议侵犯个人的独立与自由的政治、奴隶制等社会制度，著有根据其被捕入狱体验的《论公民的抗争》。梭罗的公民不服从思想曾对印度甘地和马丁·路德·金等产生巨大影响。

③ ［美］罗纳德·波斯哥、［美］乔尔·迈尔逊、［日］池田大作：《美丽的生命与地球共生　论哲人梭罗和爱默生》，每日新闻社。

金博士在讲演中谴责道："越南战争是潜伏在美国精神深处的痼疾之表现。"①

他还以过去 10 年当中美国外交政策为例，严厉指责在其根源存在"三个不公行为"。

哈丁　是的。"种族歧视主义""极端物质主义""军国主义"这三个巨大的邪恶——金在他离世前两年一直在重复这样的声音。

金在人生最后几年当中，始终凝视着民权问题的更深层面、凝视着太多的美国人被剥夺公民权和人权的种族歧视的更深层面，这可谓是一种完全自然的潮流。

他认为这中间存在着更大的问题，明确将其定性为是一种由物质主义引起的深层心理疾病——"美国之伤"。金认为，之所以站在社会顶点的富裕阶层与其他阶层之间处于割裂状态，进而形成将贫困之存在固定化的社会，是由于偏重物质主义的影响。

金明确看到，由于允许经济差距的扩大，我们所追求的"充满爱的共同体"——所有的人都联系在爱情和关怀的关系之下——社会变得与此完全相悖。作为这一理论的延长线，他提出军国主义的问题。

池田　引人瞩目的是，金博士在讲演中明言道，要想解决这样一些社会的根深蒂固的问题，需要"价值观的彻底变革"。

---

① 《我有一个梦想　马丁·路德·金说教·讲演集》。

　　关于这个"价值观的变革"，金博士简明扼要地向人们阐述道："我们必须迅速进行从'物质优先'社会转向'以人为本'社会的自我变革。"①

　　一个"物"优先于"人"的社会，其结果会成为"不把人当人"的冷酷社会。

　　故而，正是这种从"物质优先"向"以人为本"的价值观转换，才是确确实实地迈向和平创造的第一步——这与我们所推进的和平、文化、教育运动的理念同出一辙。

　　哈丁　金还犀利地看到，"军国主义"思想是"将自己的安全建立在他人的危险之上"、即是"以破坏他人来达到自己目的"为前提的。

　　这样的军国主义思想存在着根本的错误。"不将自己的'安全'建立在他人的'危险'之上"，这才是更加重要的。如果将自己的幸福建立在他人的不幸之上，等同于生活在极其不安定的基础之上。

　　这违反金"我们皆为上帝之子"的思想。对于金而言，"上帝之子"意味着不采取与世人相孤立、相割裂的生活方式。构建"充满爱的共同体"不仅需保护每一个人的公民权，还必须构筑起人们相互间皆以博爱和慈悲为怀的社会。

　　池田　"不将自己的'安全'建立在他人的'危险'之上"——若想构建"共生的社会"，须将这种思想作为基础。

---

① 《我有一个梦想　马丁·路德·金说教·讲演集》。

我们位于波士顿的国际对话中心，曾在 2001 年 "9·11" 恐怖袭击事件前后相继出版了以《克服憎恨》《克服贪婪》为题的研究类书籍。

代表着社会各个领域的一流智者们在书中谈论"处在文化、民族、宗教各不相同立场上的人们应该如何克服相互间的憎恨"和"为克服贫困与经济上的不公正，必须做的事情是什么"等诸多课题。我在给《克服贪婪》所作的序文中所强调的重点之一，正是"不能将自己的幸福建立在他人的不幸之上"的思想。这也是我一贯向青年们所阐述的作为人的根本性的哲学。

佛法说："佛之生命内在于万人之中。"佛法的根基则是"尊敬人性"，"尊敬所有之生命"。重要的是要超越所有差异，努力去构建自己与他人共同的幸福。我认为，宗教者呼吁建设以"生命尊严"思想为基础的和平与共生的社会，显得越来越重要。

金博士所提起的问题，是对覆盖现代社会的"忽视人性"与"轻视生命尊严"这一病理的挑战，是变革价值观的一场战斗。也可以说，这也是一场与自我的缺乏慈悲的"自私之心"的斗争。

哈丁　借用林肯总统的话来说，这是一场深潜于我们内心的"善之天使"与"恶之天使"的斗争。

金为何是一位高尚的存在呢？其理由与如此高尚的人经常被铲除的理由完全相同。这样的人物，能够使人们不论其愿意与否，都不得不认真正视一切发生在人们内在精神世界里的斗争。

这样一位高尚的人物，以其语言、更以其行动迫使我们作出决断"你想做一个什么样的人呢?"遗憾的是，我们中间很多人都惧怕：如果作出那样的决断，我们就无法随心所欲地生活，就不得不修正对世上事物的看法。我们因此陷入远离"做最好的自己"的思想与行动，使自己身困藩篱。

我认为，惧怕看见最富于慈悲之心、创造性和易受伤害的自己之恐怖——这是驱使夺去金性命那些势力的重要动机之一。

金呐喊要人们跟那种为了使当今的美国存续，进行战争就是不可或缺的思想诀别。反对势力为此而恐怖战栗：如果众多之人认真听取金的召唤，开始走上崭新的生命尊严之路，那么事情会变成什么样子呢? 他们感到，假如出现那样的情况，他们自己的世界与生活就会崩溃。

金在他的生命后期，号召饥寒交迫的人们结集于华盛顿广场，要求国家领导人停止帝国主义战争、致力于同贫困的斗争，金这样的影响力使他们感到了真正的恐惧。而金所开展的"救济贫困阶层运动"的本来之目的，也恰恰在于此。

金博士之死

池田　在金博士发表演说之后，越南战争仍然在继续，并且愈发混乱。

翌年（1968年）的3月31日，约翰逊总统表明不参加11月的总统竞选，宣布单方面停止轰炸越南北方。

然而，就在几天后的4月4日——这正逢金博士发表反战演说一周年、金博士为支援市清洁工人要求改善待遇的罢工，于前晚抵达田纳西州孟菲斯市。傍晚6时许，他在下榻饭店的凉台上与战友交谈着。就在这时，博士遭到不明身份者的狙击。

冲击波在整个美国、不，是在整个世界蔓延。请问哈丁博士，您是在哪里、什么情况下听到这个噩耗的呢？

哈丁 那天我和妻子罗斯玛丽正在与来自纽约的朋友在亚特兰大共进晚餐。这是一家黑人经营的名叫"帕斯卡尔"的餐厅，自由运动活动家经常在这里聚会。老板熟知我们和金的关系。

他从广播中听到这个消息后，就赶到餐桌前来转告给我们。那个时代尚无手机，于是我们立即离开餐厅赶回家，通过电话向朋友们确认到底发生了什么。

最初我们得到的消息是"金遭到了枪击"。两三个小时后，得知他已经停止了呼吸。面对金去世的讣告，我心头涌上一股束手无策的激愤，我用拳头拼命击打挂着电话机的墙壁。

池田 金博士时年39岁。他死的时候太年轻了。无论于美国，还是于人类的未来，他的死都无比残酷、无比遗憾。

对于站在自由运动最前方的领袖而言，死时刻与他如影相随，大概他也早就做好了这样的思想准备。尽管如此，对于很多人来说，金博士的死令人何等悲伤啊！

　　我想哈丁博士的感受之复杂，一定是别人难以体会的。

　　哈丁　我在很长时间里深感自责，总觉得金的死自己是否负有一定责任。原因是我认为，一定是疾声呼吁"越南战争的终结""贫穷的人们团结起来""美国贴近世界的新通道"导致了对金的暗杀。

　　作为那篇讲演稿的起草之人，我很苦恼。我已经记不清我苦恼的程度之深、时间之长。至少有一年吧，或许比一年还要长。就在我深陷苦恼之际，我的挚友、与金也交情甚笃的詹姆斯·劳森①牧师给了我很大的帮助。

　　他是此次金到孟菲斯市来的邀请人。暗杀发生之后，我在和他通电话时，曾经问过他对邀请金到孟菲斯市作何感想。我想知道的是，他是否有某种负罪感。

　　池田　我非常理解哈丁博士的心境。

　　刚才我们也谈到，当时的计划是为抗议黑人清洁工的歧视性低工资，将在孟菲斯市举行全面罢工。其组织者就是金博士的朋友劳森牧师。

　　劳森牧师与金博士取得联系，希望他能站在示威游行的最前列。我听说博士接受了邀请，来到孟菲斯市，接着就发生了暗杀事件。

---

① 　詹姆斯·劳森（1928—　）：美国人权活动家，作为民权运动理论家致力于非暴力运动战略性策划。马丁·路德·金遇刺时曾在现场。

请问劳森牧师是怎样答复哈丁博士的提问的呢?

哈丁　吉姆（詹姆斯·劳森）是个非常贤明的人。他很明白我为什么要问他这样的问题。他给我讲了一段极其意味深长的话。他告诉我最初邀请金到孟菲斯市来时的情况。

吉姆打电话给金，请他来孟菲斯市支援清洁工人。他们感到以现状而言，要想达到目标尚缺少社会上的关注，而新闻媒体对金的行踪是跟踪报道的，他们由此确信，只要金能来参加，就能够引起关注。

实际上对金来说，4月4日已是第二次孟菲斯市之行了。在一周前吉姆给金打电话的时候，金正在开会，电话里能听见后面有几个人在说话。不知是谁对金高声喊道："马丁，哪有时间到孟菲斯去呢！告诉吉姆，你还有其他事情要做。这边的贫困救济运动忙得不可开交，可不能去啊！"

但是金接受了清洁工人们的邀请。他置战友们的反对于不顾，来到了孟菲斯市。金下定决心，哪怕运动由于暴力遭受挫折，也要站在非暴力的示威游行队伍的前列。金先行去了一趟之后，又赶了回来。而就在他第二次去孟菲斯市的时候，倒在了凶弹之下。吉姆坚信地告诉我：金的孟菲斯之行，即非受到强迫、也非出于义务，纯属于金的真实意愿。

金所遵从的，是他的心灵之声。据说前后两次孟菲斯之行，皆为他的自我选择。

吉姆并没有像我那样陷入负罪感当中不能自拔。因为决定和希望前往孟菲斯市，都是金自己作出的决定。

与吉姆的交谈给我内心带来了极大的慰藉。他使我意识到："是啊，决心发出反战的声音，金是志坚意决的。我不过是把我们相互间的思想以文字方式表达出来而已。"

池田　这些话实在是感人肺腑。

那段时间里，金博士每周所作的讲演次数高达约 35 次之多，日程紧张到了以分钟来计算的程度。

如此繁忙之中，金博士仍决定去孟菲斯，他的决心之坚定，詹姆斯·劳森牧师一定强烈感受到了。

据说当时已有暗杀计划的传闻，很多人都感觉到危险正在步步紧追着金博士的生命。但是金博士毫无畏惧，他毅然决然地迈开勇敢的步伐。

于金博士而言，向越南战争的不正当发出"呼喊"，作为人类社会的一员，是理所当然的。如何能再进一步，实现和平这一现实问题，他一定始终在为此而深深苦恼和痛心着。

哈丁　您所言极是。

虽然反战讲演中所使用的几乎所有的语句和表达是我写的，但它们无疑都是直接发自于金心底的话语。

我们立足于同样的信念基础之上。我的任务就是让听到金的讲演的人们掌握那些语言的意义、理解寓于那些语言深处的他的人格与精神。

充实寓于奉仕和贡献的人生

池田　佛法教导说，生死不二。为崇高使命而战斗的

"灵魂之盟友"，他们的心是超越生死、一体同心的。我坚信，金博士与哈丁博士是由深邃无限的生命纽带联系在一起的。

金博士在他最后一次演说当中，曾谈及印度独立之英雄圣雄·甘地为坚持人权斗争而遇刺。

1959年2月，金博士应尼赫鲁[①]总理邀请偕夫人访问印度时，曾拜访了纪念甘地的一些设施。

我也曾两次谒拜甘地陵墓，还去过遇刺之地比尔拉寓所（现为国立甘地纪念馆）。

在纪念馆里，我见到了馆长拉达克里希南[②]博士和甘地的高徒潘迪博士。潘迪博士曾在10年间入狱8次，也是一位决不屈服的人权斗士。

那时，潘迪博士的铮铮话语令我难以忘怀："我将继续高呼师之教导，直至我永久闭上双眼那最后的一天。"博士恪守其言，始终致力于非暴力斗争。

甘地的思想通过以金博士和哈丁博士为首的勇敢的非暴力斗士们的努力，在美国人权斗争中也结出了硕果。

---

① 贾瓦哈拉尔·尼赫鲁（1889—1964）：印度独立运动领袖、独立后就任印度首任总理。曾就读于剑桥大学，留学回国后加入印度国大党成为政治家。虽在政策上并非完全一致，但仰慕甘地为师。印度独立后曾任不结盟运动主要领袖。著作有《印度的发现》《世界历史一瞥》等。

② 拉达克里希南（1944—　）：圣雄·甘地非暴力开发中心所长，印度国立甘地纪念馆前馆长，为甘地研究第一人。与池田 SGI 会长有对谈集《迈向人道世纪——谈甘地与印度的哲学》。

　　无论多么伟大的思想与理念，如果没有其坚定的继承者和实践者，都会丧失其永久性。金博士一如甘地那样，对青年寄予了极大的期望。

　　作为金博士的同志和他的思想与信念的共有者，请问博士您想对下一代青年叮嘱些什么呢？

　　哈丁　从某种意义上讲，我希望人们去实践的，与其说是要做金的继承者，莫如说我更希望他们能够亲自去探究和尝试金得以找到人生意义的启发、希望、勇气的源泉是什么。

　　与其将焦点放在金本人身上，莫如将焦点放在他所重视的东西上，这样做应该能够找到更大的力量和启发的源泉。

　　我在向青年谈到金的事迹时，总是要他们理解一点，那就是他是美国一个典型的中产阶级家庭的孩子——虽然碰巧是一个南方的黑人。

　　金的家庭与一般的中产家庭一样，向往着舒适的生活。中产阶级的想法通常是："希望经济能力超过上一代，等到自己做了人之父母，又希望子女在物质上比自己这一代更加富裕。"

　　金在与黑人青年交谈时常说："希望你们能够很好考虑，人活着的真实意义究竟是什么。"他还说，追求更多的物质利益，还是创造"充满慈爱的共同体"，究竟哪一个能够给我们带来更大的满足。

　　当我们把金的生涯作为典范、试图理解其哲学的时候，会为他生长在典型的中产阶级家庭这一事实而感到惊讶。只是，虽然同是中产阶级，有所区别的是金的家庭拥有"唯有为不幸的人们奉仕，才是更充实的人生"的根深蒂固的宗教信仰。

正因为这样，他才将自己的人生奉献给他人，最后组织起拯救穷人的运动，在支援黑人清洁工的活动中遇刺。

我以为，关于金的哲学，与其怎样谈论探讨，都不如沿着他真实的人生轨迹所示，更能鲜明反映出他人生的真实形象。

池田　站在"最痛苦的人们一边"而行动——在这里上演着金博士人生的伟大戏剧。事实胜于雄辩。

佛典中说："仓之财无胜于身之财，而身之财莫若心之财第一也。"①

无论物质有多富裕，如果其心灵贫瘠，充满强烈的愤怒与自私，那么他就是一个不幸之人。此种人的结局会招致争端、导致毁灭。

只有向这一课题挑战进而实现超越，为他人和社会作出贡献的人生，其自我的"心灵"才会熠熠生辉、荡漾着真切的充实与喜悦。

这与金博士在反对越南战争讲演中所强调、同时他又以自身的行动所证明的从"物质优先"社会向"以人为本"社会的转换——为创造"共生之社会"的思想和行动高度一致。

---

① 《御书》。

在这篇讲演中有下面一段使人难以忘却的话语："价值观的真正的革命，归根结底就是向世界性的、而不是向地区性的事物宣誓忠诚。所有国家都应通过培养对整个人类的优先的忠诚，来维持其社会最优质的部分。"①

对人类竭尽忠诚，为和平作出贡献的年轻的世界公民——以更大的力度培养和支持向"内在的变革"进行挑战、为实现神圣使命而奋斗的青年们的联合，这应该是我们这一代的责任。

哈丁　我前面也说过，金的人生方式，可以用以下四个词汇来概括：

第一个是"勇气"，第二个是"献身"，第三个是"创造力"，第四个是"关怀之心"。

我认为，概括了作为领袖、教师、牧师的金的真髓的，就是这四个词汇。

我们也必须将这四种精神淋漓尽致地加以发挥，为在世界上构建"充满慈爱的共同体"而去努力奋斗——我强烈感受到这一点。

---

① 《我有一个梦想　马丁·路德·金说教·讲演集》。

第三章 教育之大业

一、为结束战争

为继承"非暴力思想"教育所起的作用

池田 "人类如果不给战争画上句号,战争就会给人类画上句号。"[1]——1961年9月,肯尼迪总统在联合国发出这样的呐喊。

金博士在演说中曾引用了这句话,他还说:"我的朋友啊,我们的选择已经不在暴力与非暴力之间,而是在非暴力还是非存在之间。"[2] 而且,如果人类不选择非核化与非武装化,地球将会变成"就连但丁都想象不出的地狱"[3]。

---

[1] [美] 克莱伯恩·卡森、彼得·哈罗莱恩编著:《深夜叩门——金牧师说教集》,梶原寿译,日本基督教团出版局。

[2] [美] 克莱伯恩·卡森、彼得·哈罗莱恩编著:《深夜叩门——金牧师说教集》,梶原寿译,日本基督教团出版局。

[3] [美] 克莱伯恩·卡森、彼得·哈罗莱恩编著:《深夜叩门——金牧师说教集》,梶原寿译,日本基督教团出版局。

然而，尽管这样的警钟长鸣，人类仍然向不毛之扩张军备竞赛突进，选择了一条甚至威胁自我生存的道路。如今，核武器正在比金博士在世时更为广泛地在世界上扩散，各种大规模杀伤武器和军事技术开发，也以日新月异之势突飞猛进。

直面着危机的时代，如何才能将非暴力思想加以继承，创造"和平与共生的地球社会呢"？现在正是考问我们人类的英知和行动的时刻。

关于这一点，博士您是怎样考虑的呢？

哈丁　我认为，正因为如此，"教育"应该发挥作用。

为继承和发扬光大甘地和金所倡导的"非暴力思想"，唯一的办法是将这种思想放在教育的中心内容上。

我认为，无论孩子还是成年人，几乎所有的人在考虑实现正义的手段时，都想象不出除了破坏的力量和复仇以外的其他选择。因此，就必须通过教育教导人们除上述以外的另一种生存方式。

第一届"世界社会论坛"（2001 年在巴西阿雷格里港召开）为世界各地的草根运动家提供了联手活动的机会。

该第一届论坛所提出的、成为世界整体以及各地区目标的蓝图——"另一个世界是可能的"，这就是我一切活动的基础。

不管其教育形式如何——不问其是正式的或是非正式的、宗教性的或是世俗性的——我确信，教育最重要的责任之一，是培育"我们能够创造一个更加美好的世界""另一个创造性的、更加民主的生存方式是可能的""这颗新的生存方式的种子，已经在我们当中萌生，等待着培育"这样的意识。

池田　20 世纪成为"战争与暴力"与飞跃的科学技术发展相穿插、造成史无前例众多牺牲者的时代。

同时，基于意识形态的、激进的社会变革的尝试，与其理想和梦想截然相反，留下为暴力所覆盖、滋生全体主义的苦涩教训。

在这些诸多失败当中，甘地和金博士所尝试的非暴力的群众运动，在世界历史上放射出灿烂辉煌的希望的光芒。因为它为建设自由与平等的"另一个世界"，指明了如刚才哈丁博士所指出的"另一个生存方式是可能的"。

甘地这样确信："对一个人可能的事，对一万个人就是可能的。"①

最初的时候，谁都嘲笑那样的理想是痴人说梦。但是，无论是甘地还是金博士，都顽强不息地贯彻了富于勇气的非暴力的行动。他们将"不可能"变为"可能"，改变了历史的潮流。

重要的是，这场运动的本质并非社会制度的变革，它在于从根底上促进了民众的意识的变革。

哈丁　有一个重要的认识，那就是关于甘地和金的"非暴力思想"，假如他们二人没有亲身将其付诸与实践，则将毫

①　《甘地自传》，蜡山芳郎译，中央公论社。

无意义。

如同甘地和金以其富于勇气的非暴力行动集世界耳目一样，生活在超越他们时代里的我们，必须对现代暴力毫不松懈地继续尝试"新的行动"战略。

唯有如此，他们二人的哲学与生活方式才能被新一代的人们所最好地继承和实践。

池田 我很理解。

担负着和平使命的，首先是青年们。因为他们拥有"新的朝气""新的创意""新的行动"。

请问关于和平教育，博士是从哪些方面着手进行的呢?

和平教育就是"倾听"

哈丁 我认为，和平教育最重要几点之一，就是学习"如何倾听他人的声音"。

我提倡不只是青少年，包括成年人在内，都要相互交流各自的"人生故事"。背景、传统、文化各异的人们，要相互敞开心扉进行交流，共同分享各自的"故事"。

通过与青少年共同参加活动，我确信在很多时候，他们都希望听到与自己不同的别人的"故事"。

于是，分享相互的体验和意见，成为我向人们传递非暴力精神和哲学的重要手段。

我认为，非暴力的精神和哲学的核心，是建设"超越人为之境界、谁都能接受的共同体"的"决心"。

如果青少年能够通过了解与自己不同的人们的情况，倾听他人的"故事"，与他人一道工作，对建设"谁都能接受的共同体"的决心产生共鸣的话，那么即使不特意谈论非暴力，也等于学习到了非暴力。

通过这些他们还能够明白，人所具有的种种差异，并非是由于傲慢与恐怖将我们相分离，而是通过魅惑的"发现"将我们结合在一起这一普遍的教诲。

池田　在此次对谈当中，我们至此也交流过"故事"的意义，从和平教育方面而言，这的确也是重要的一点。人人都有意味着自身存在意义的"故事"，有着宝贵的人生的历史。开阔地敞开自己的胸怀，倾听对方的"故事"，就能够从与自己相异的"故事"当中学到丰富的经验和智慧。由此进一步拓展自身的创造力，编织出鲜活生动的新的"故事"。

关于这一点，金博士说过人从自己的"敌人"那里也能够学到东西。

"站在敌人的视点上观察问题，我们有可能发现潜伏于我们所处状况中的根本性弱点。""如果我们是一个成熟的人，我们就能够从被称作敌人的弟兄那里学到知识，并通过这样的学习获得成长和利益。"①

对方同样也是人。既然如此，就应该能够从相互的差异中学习到很多东西，发现新的道路——金博士这一思想是对话

---

① 《我有一个梦想　马丁·路德·金说教·讲演集》。

的根本性精神，实在是蕴含着丰富的启发性。

我在前面也阐述过，佛法教导说在万人生命当中，均平等地内在着佛性。人们要想超越"敌人"与"我方"相互间的界限，有必要书写"我们同为人""我们是生存在同一个地球上的伙伴"这样的"新故事"。

哈丁　人道主义的伟大智者汉那·阿伦特①所说的"我们在对话的时候最贴近人性"深深打动着我的心灵。

和平教育的真正意义，是动用我们最高的人性，摒弃相互间的恐怖、无知和欲征服他人的冲动。

国家与企业总是在动用一切手段尝试说教"战争是必要的""通过大量破坏行为能够达到和平之目的"。和平教育就是直逼人们的心灵深处，培养抵抗这种说教的能力。

池田　和平教育就是启发最高的人性——这也是哈丁博士们所推进的草根运动的核心。

甘地曾这样说过："如果我们真正希望实现世界和平，就必须从孩子们开始。"②

和平始于教育。培育人性的教育是通往和平的基础，教

① 汉那·阿伦特（1906—1975）：出身于德国的美国政治哲学家。为躲避纳粹德国对犹太人的迫害，于1933年前往法国政治避难，1941年前往美国。主要著作有《全体主义的起源》《人的条件》《论革命》等。

② *The Collected Works of Mahatma Gandhi*，Vol.48，The Publications Division，Ministry of Information and Broadcasting，Government of India.

育工作者所起的作用非常之大。

　　哈丁　是的。在从事以包括幼儿在内的儿童为对象的和平教育活动过程中，我发现他们一定要反复提出的意见是"希望先生能很好地倾听我们要说的话"。

　　由此我明白，最优秀的和平教育者，不是单纯给予受教育者很多知识和信息，而是重视倾听孩子们的声音、掌握其教育技巧的人。

　　我推测，世界上很多的对立与纷争，大概都是由那些拥有在人生最早期"没有得到倾诉机会"体验的人们所引起来的。

　　他们在孩提时代没有得到充分的承认、没有人倾听他们的心声，这样形成的愤怒和心灵创伤在他们成年之后就化作了行动。

　　因此，如何才能让孩子们感觉"倾听了我的想法""我被人所爱""我受到了重视""我有很大的可塑性"，爱好和平的教育工作者必须为此作出不懈的努力。这是使变革成为可能的教育。

　　池田　这是非常关键的要点。

　　"倾听"——认真倾听对方的话语，这是人际关系的第一步和根本所在。"倾听"看似简单，实则是最为困难、需要耐心与勇气的行为。

　　之所以这样说，是因为"倾听"必须从内心深处对对方怀有"信任之心"、怀有关怀对方的"尊重之心"。与孩子接触时尤其是这样。

哈丁博士您说过："让孩子们感到'自己被重视'，对他们的健全成长至关重要。"

从前日本的小学曾做过儿童问卷调查，其结果再次告诉我们与孩子们接触时的姿态是重要的。

调查显示，当问到希望家长"说给自己的话"是什么时，第一位是"你很努力"；第二位是"你真聪明，好样的!"第三位是"谢谢"。

当问到与此相反"不希望说给自己的话"的问题时，第一位是"到底还是不行""你不会""你要更努力地学习"。

生长在自己的人格受到尊重的环境里的人，能够给予他人的存在以深切的肯定。只有在那里，丰富的人性之花才得以绽放，才能找到和平教育的真谛。成年人也与之同理。

金博士的非暴力斗争，也应该是从每一个人的内在变革开始的。

虽然当时与现在的社会状况迥异，您认为如果金博士还健在，他会对充斥在世界上的纷争与暴力采取什么样的行动呢？

哈丁　我在前边曾言及到，为超越对立与纷争，金确定了美国必须面对的三大要素。

第一是他所指出的基于白人至上主义的"种族歧视主义"。他主张只要存在这种歧视，冲突就是不可避免的。

第二是"物质至上主义"。无论个人还是国家，如果只以其所拥有的物质来判断其价值，我们就必然就其所有权与他人正面争夺。

第三是"军国主义"。即使为解决地区和国家间纷争的终极之路诉诸武力的诱惑所驱使，我们也要与这样的诱惑相抵抗。

如果金目睹了蔓延于当今世界的对立与纷争，依然会倾注与20世纪50至60年代付诸民权运动同样的创造力，去继续勇敢的行动。

倘如金依然健在，该有80多岁了（生于1929年1月15日），他一定在问自己："我现在能做什么？""为了解决发生在某个地方的斗争，我能否要去给谁以鼓励？"

他坚信，无论多么困难的国际纷争，每一个人的积极参与对于问题的解决皆是不可或缺的。

池田　联合国教科文组织宪章前言说："战争既发动于人心，故和平之堡垒须建筑于人心。"

金博士的斗争，也是为了克服盘踞在人类生命中的憎恶与傲慢。虽然需要脚踏实地，但是其根本只有从在每一个人心中建筑"和平的堡垒"出发而别无其他选择。

佛法将人类生命中的根本性恶性归纳为"贪欲（贪婪）""瞋恚（愤怒）""愚痴（愚蠢）"之三毒。

日莲大圣人曾敲响警钟道："是三毒强盛之一国，如何能得安稳。（中略）会战生于瞋恚。"① 意思就是"国家灾祸之根

---

① 《御书》。

源，为人们生命之三毒。尤其是战争，皆为人之'瞋恚'强烈而起"。为进行本源性的精神革命，而致力于弘扬佛法生命尊严的思想和救济民众的行动。

遍布世界的 SGI 的和平运动，其原点亦在于这种精神。指明通往和平的坚定道路，是教育与宗教的使命和责任。

请问在进行非暴力群众运动时，关于培养新时代的领袖方面，您都有哪些想法呢？

最好的领袖是"为民众奉仕的领袖"

哈丁 最好的领袖，是民众的奉仕者。这是与非暴力运动的精神紧密结合的领袖观。对我来说，培育领袖即是培育具有"奉仕精神"的人物。

池田 我亦同感。这样的想法正合我意。我们必须迈出"领袖革命"的步伐。

帕格沃什科学和世界事务会议名誉会长罗特布拉特博士在与我的对话中强调说，为创造和平的世界，必须在人们心中培育"对人类整体的忠诚心"①。

尤其是领袖人物，必须与全球一体化的蓝图一道，以"为人奉仕之精神""为民众鞠躬尽瘁之心"作为其行动的根本。

2010 年 11 月，我们曾接待美国的名门马萨诸塞大学波士

---

① 参照《探索地球的和平》。

顿分校莫特雷校长一行来访，进行了广泛的交谈，该校将"在最前线奉仕和指挥"的建校理念引以为极大的自豪。

正如哈丁博士所指出的那样，培育"为民众奉仕的领袖人物"，是今后时代的焦点。

这里我再问一点，您认为金博士在培养领袖接班人方面，都采取了哪些措施呢？

哈丁 关于这个问题，我们必须考虑到金遇刺时年仅39岁。对他而言，培养接班人尚非优先事项。

我想，在南部基督教领袖会议组织当中，的确没怎么把重点放在培养下一代之上。

但是，经常有很多青年参与一些单独性的斗争。青年们置身于现实斗争的激流中，逐渐积累了经验。金很多时间都是同年轻的后辈一起度过的。虽然没有对他们实施过正规训练，但他无论走到哪里，都要创造机会与当地的青年们见面。饶有兴趣的是，关于非暴力斗争的效果，他往往刻意寻找那些与自己持反对意见的青年接触。在这种情况下，他也耐心倾听他们的意见，尽其可能地尝试以新的思维打开他们的眼界。

金在漫长岁月里走了一条充满危险的人生道路，早已做好任何时候都可能被夺去生命的思想准备。这或许也是他经常与青年进行交流、共度时光的理由之一吧。

池田 这大概就是金博士的真实情感吧。

博士年仅39岁就被夺去生命，实为遗憾。但是，为实现崇高理想与目标，无所畏惧，直至献出自己的生命——其伟大的人生历程，成为后继青年的"典范"。而这对未来一代而言，则是无穷勇气的源泉、希望之光的火种。

对于哈丁博士来说，金博士是您弥足珍贵的同志，此外您是否还有尊为导师的人呢？

与伟大导师邂逅之幸福

哈丁 我认为，凡对我来说是最重要存在的人，皆是我的"导师"。他们作为值得信赖的协商对象，教授给我很多鲜活的学问。

最早期的这样的存在，是我生长之地哈雷姆小教会的菲利普·J.贝利牧师。他刻苦勤勉、独学自通，且深谙世界形势。他将自己牧师职务的职责定性在教育之上。

另一位是前面谈及过的女性民权运动领袖埃拉·贝克。对我来说，她是伟大之师，同时对于众多参加南方民权运动的青年们来说，也是一位杰出的教师。她是一位将人生献给民权运动的人，于我们所有人来说，她是位为如今被称作"参加型民主主义"的发展作出杰出典范的人。

最后我想说的人，是伟大的宗教哲学家霍华德·瑟曼。

池田 关于瑟曼博士，曾经在我与莫尔浩司大学国际基督教礼拜堂卡特所长交谈时成为过话题。

卡特所长强调说，莫尔浩司大学最引以为傲的是，培养出了瑟曼博士和金博士这样的毕业生。

"'梦想'是新的可能性的搬运工，是被扩展的地平线，是伟大的希望。"① 这是瑟曼博士的至理名言。

他的一生当之无愧的是赠送给人类未来以宏大"梦想"的伟大的一生。

上次与哈丁博士和夫人见面的时候，您也谈到过与瑟曼博士一家的交流情况。

当时夫人说希望美国女性一定要读的书是瑟曼博士的自传。②

夫人对瑟曼博士"以对民众与世界的爱情"克服重重困难、为社会而献身给予了极高的评价。

哈丁　是的。他对人们发出最重要的教导也就是他最基本的讯息，就是我们是一体的。他强调宇宙的构成，是使所有人都与他人有所关联，团结一致为大家的幸福和共同体之幸福而努力。

瑟曼大概是第一个为在美国创设超越种族和宗派、人人都可参加的"教会"而献身的人。第二次世界大战末期，他在洛杉矶实现了这样的愿望。

瑟曼明白自己不是一名站在最前线的引人注目的领袖人物。他经常这样说：

　　　我的作用是鼓励站在最前线的人们，帮助他们寻找

---

① Howard Thurman, *Disciplines of the Spirit*, Friends United Press.
② *With Heart*: *The Autobiography of Howard Thurman*, Harcourt Brace & Company.

到他们所需要的资源。还有，就是在他们返回来的时候，我在那里等待着。

在这样的人们的生存过程中，如何才能让他们那力量和勇气的源泉迸发喷涌呢——瑟曼希望能够帮助他们掌握这样的方法。

他是一位出色的听众。他殚精竭虑地启发人们发现自己"具有伟大的价值"。他是我最伟大的导师之一。

池田　人生当中，再也没有比邂逅伟大的导师更幸福的事情了。以我自己而言，时间越久远，就越能深切体会到青年时代从恩师那里所受到的熏陶有多么珍贵。

我们在前面谈到，瑟曼博士曾经前往印度拜访甘地，通过与甘地的交谈得到了关于非暴力运动的启示。

瑟曼博士问甘地，怎样才能让个体的人和共同体掌握不杀生的技术呢？据说甘地的回答是这样的："假如掌握物理学需要你花一生时间的话，那么人类要掌握他们所发现的最伟大的精神力量，究竟需要多少个'一生'呢？但是，即使需要好几个'一生'，也没有必要烦恼。因为，假如这是你人生中唯一永恒的东西，是唯一真正具有价值的东西的话，为掌握它无论付出多少努力都不是浪费。"①

非暴力的社会与和平的世界，如果我们这一代不能实现，

———————

①　《我的非暴力1》。

就坚信下一代能够实现而作出我们的努力。如果下一代仍不能实现，那么再下一个世代定将能够实现。我将希望寄托在未来的青年身上。

我坚信，任何情况下都笃信于人、坚信青年的无限的可能性，这才是和平教育的灵魂所在。

二、女性创造和平的力量

如果是金博士，他会怎样行动

池田　时时思考着未来而行动。留下照亮未来的不朽的精神宝藏，这才是真领袖的真正的价值。

感谢您于 2010 年 11 月在波士顿国际对话中心论坛上所作的展望未来的精彩讲演。

哈丁博士长期以来始终不渝地坚持炽烈的人权斗争，您的话语唤起很多人的共鸣，反响如潮。

博士在论坛上通过自身体验阐述道："民主主义非政治形态，而是建立在民众每一个人生命当中、争取获得自由与自立的运动，是生命和社会变革的启发之路。"

您还说："向着民主主义的神圣的前进，还只是刚刚开始。它通过扎实对话的积累而一步一步地前行。"

如果金博士尚健在，他一定会强烈赞许道："完全正确！"

哈丁　谢谢。在论坛上，我有幸非常愉快地做了讲演。

刚才我也说过，假如金还活着，该有 80 多岁了。因为我也与他年龄相仿，每当想象"80多岁的金，会变成怎样的人呢"的时候，我总会浮想联翩，兴趣盎然。

"金会思考些什么？""他会采取哪些行动？""在21世纪里，占据他心灵的都是什么？"——每当有人问我，如果金活着会怎么样的时候，这样的念头就会涌上心头。

如此说来，池田会长和金基本同龄，而且都是1月份出生的。

金与池田会长一样，都怀有宏大希望，充满探索之心。如果他还健在，定会走着一条和会长同样的道路。

金和精神的探索者、智慧的探索者、社会变革的探索者等所有行进在探索之路上的人们相遇，一定通过与他们的交流不断成长，进一步拓宽了自身的世界。

池田　金博士说："在一切危机当中，危险与机遇同在。它既能解决问题，也能带来毁灭。"①

佛法当中也有"难来以安乐意之可也"②"大恶起则大善来"③等教导。说的是以佛法为根本，以勇气迸发智慧，化逆境为机遇，进而变革现实的生活准则。

在推进人权运动的同时，金博士也积极致力于贫困问题。

博士敏锐洞察到"穷人们的苦恼，会使富人们变得贫

---

① 《阔步走向自由》。

② 《御书》。

③ 《御书》。

穷；穷人们的向上，会使富人们变得富裕"①。然而，部分富人与众多穷人之间存在贫富差距是这个世界的现实。贫困成为纷争与内战的要因，致使社会秩序不稳定的地区不在少数。

哈丁 是的。可以说，贫困与纷争互为表里。譬如，如果纷争频发，就有更多的人陷入贫困和饥饿，导致贫富差距进一步扩大。

同时，贫困和饥饿又引起纷争，可以认为，经济差距制造纷争。

贫困问题是金从另一角度考察他称之为"三个罪恶"、即"种族歧视主义""物质至上主义""军国主义"的视点。

这三个罪恶在恶之构造中，不断相为互补增强。它们之所以产生，来自于我们的内面思考，即指导我们行动的根本"心之所在"。

假如金还健在，一定在与这种"心之所在"进行战斗，以自己的语言与行动向人们发出强烈的呼声。他一定无论在地区社会还是在国际社会，与人们携起手来，共同探求克服三个罪恶的崭新道路。

念及于此，我认为有必要重新审视我们每个人的价值观，为推进变革进行"与自身的对话"。

如果能够开展这种"与自身的对话"，必将达到"更加美

---

① 《黑人的前进道路》。

好世界的实现是可能的"的结论。为促进金所极力主张的"价值观的革命",只有对话才是重要的战略。

"价值观的革命"并非意味着单纯改变我们的价值观就可奏效,它意味的是在更深层次的完全变革。

"和平竞争"与"人道竞争"

池田 这点很重要。向自身变革的挑战,始于真挚面对自我,开展富于勇气的对话。

圣雄·甘地说过:"人类的胜利,在于将生存竞争与相互奉献对调。必须将野兽法则转换为人类法则。"①

金博士强烈主张这种根本性的价值观的"转换"。

牧口首任会长在距今一个多世纪以前、日本向军国主义逐渐倾斜的时候,就提出人类应当从"军事竞争""政治竞争""经济竞争",转变为志向"人道竞争"的阶段。

无论是军事还是政治经济领域,如果只有这些领域,会导致利害与对立,强者理论将处于优先地位。

牧口会长作出展望,不应该是这样,只有旨在建设共同合作、共生社会的"人道竞争",才是世界所需要的。

牧口会长这样指出:"这就是不要只将目的放在利己主义之上,而是在保护和提高自己的同时也保护和提高他人的生活。换言之,就是选择在为他人谋利益的同时自己也从中获益

---

① [印] 甘地:《对我来说的宗教》,浦田广朗译。

的方法。"①

　　他将"人道竞争"之蓝图，解释为相互帮助、相互鼓励、共同激发、共同成长的意思。

　　关于"竞争"这一点，金博士也曾说过："必须将世界上权力斗争的力量，转换成以使世界上所有国家的和平与繁荣成为现实为目的、以人的才能所进行的创造性的竞争上来。简言之，就是我们必须将军备竞赛改变为和平竞争。"②

　　虽然时代和状况各异，但"和平竞争"与"人道竞争"的思路惊人般的一致。

　　哈丁　以我个人的感觉而言，与其说"人道竞争""善之竞争"，"扩大相互间的鼓励"的表达方式，似乎更加恰当。关键是"相互鼓励"是最为重要的。

　　我想帮助大家从自己内心深处引出"为他人奉仕、鼓励他人的能力"。

　　时代处于深刻的状况之中。如何将"军备竞赛"和"经济竞争"的疯狂，移行至人与人之间相互合作的更加健全稳定的关系上来，是当务之急的课题。

　　池田　刚才您说任何人都潜在地具备"为他人奉仕、鼓励他人的能力"，那么如何能把这些潜在的能力挖掘出来、用于社会，就是越来越重要的课题。

---

① 《牧口常三郎全集》第二卷《人生地理学》（下），《宗旨》，第三文明社。

② 《黑人的前进道路》。

关于这一点，在我与意大利的奥莱里欧·佩切伊① 博士的对谈② 当中，也曾成为大的焦点。

博士所创设的罗马俱乐部，于 1972 年就人类社会"增长的极限"敲响警钟并以此闻名于世。

这里所说的"增长的极限"，是枯竭的"资源的极限"，是污染所致的"环境的极限"，在某种意义上可称之为充满人类贪欲的"地球的极限"。

针对这些而言，"人类为他人奉仕的能力"是没有"增长的极限"的。人类应当将目光更多地注重在人类自身的潜力之上，去开发其巨大的潜能——这是佩切伊博士和我的结论之一。

哈丁 听您这席话，令我想起《甘地其人》这本书。在这本书的序言当中，曾提及 BBC 广播（英国广播协会）制作的对与甘地共同战斗过的人们所作的专题采访纪录片。

在接受采访者中，有一位与甘地非常接近的女士。

"甘地是位伟人。但是，他是否有点不太现实，没有很好考虑过我们人类的能力是有限界的呢？"面对这样的提问，她

---

① 奥莱里欧·佩切伊（1908—1984）：意大利实业家。罗马俱乐部创始人、首任会长。第二次世界大战中，曾作为抵抗斗士而活跃。战后先后参与菲亚特公司、奥莉维蒂公司的经营。1970 年设立旨在探索规避人类危机方法的民间组织"罗马俱乐部"。著作除与池田 SGI 会长的对话录《二十一世纪的警钟》外，还有《人类使命》《未来的一百页》等。

② 《二十一世纪的警钟》，圣教新闻社。

凝视着记者，微笑着回答道："人的能力是没有限界的。"

我们不妨以接受严格训练的体育运动员为例来思考这个问题。人们都说，在日积月累年复一年的训练中，他们的能力会达到连他们本人都没有想象到的地步。他们之所以努力训练，是以能力伸展为前提的。

这与人的开发——相互奉仕相互成长的能力——也是同样的道理吧。我们原本拥有无限的可能性，但却认定"自己是有限界的"。这种错误的思考，人为地把自己的可能性制定了限界。

如甘地所言，凌驾于迄今为止人类所制造的所有暴力武器之上的非暴力的重大发现，今后将进一步得到弘扬光大。

与"内之邪恶"和"外之邪恶"的斗争

池田　我们必须进一步觉醒，认识到每一个人都具有这种无限的可能性。

宗教的使命，若详述的话，就是"克服人之利己主义"的精神斗争，促进"对他人的奉仕与鼓励"。

大乘佛教的菩萨道所主张的社会实践，就是以生命尊严的思想为基础，克服我们自身的利己主义，为别人和社会作出贡献，日日"善生""提高自我"的果敢的行动。

"菩萨道"还指明，对于克服"内之邪恶"，如果没有同时与"外之邪恶"的勇敢斗争，是不能成立的。

金博士也认为，要想战胜"外之邪恶"，必须得战胜"内之邪恶"才行。

哈丁　在这里，我们有必要做辩证法的思考。

也就是说，假如机械地认为，先完成"对内的斗争"，然后再去进行"对外的斗争"是危险的。原因是这两个斗争是互为支撑的，它们是一个整体性的存在。

譬如，在为克服"内之邪恶"而奋战时，假如能够对弥漫在周围的"外之邪恶"也给予正视，或许就能够得到有助于战胜"内之邪恶"的重要见识。

有些时候，对"内之邪恶"的斗争，也会给对"外之邪恶"的斗争以宝贵的暗示。

如金和甘地这些人向人们揭示的是，所谓的"敌人"，实际上是"内侧"斗争于"外侧"的表现。

也就是在教导人们，作为敌人的"他们"，实际上与我们自己的关系之深要超出我们自身的想象。在深层次上，其实是皆为一体的。如果对付外敌时能对调地思考，把"自己"当作"他们"、把"他们"当作"自己"，那么对"他们"的斗争策略也会有所不同。

池田　我很明白您所说的意思。

应该说，"非暴力斗争"既是同歧视与压迫等"外之邪恶"的斗争，也是同憎恶与贪婪之心等生命的"根本性邪恶"、即"内之邪恶"的斗争。

总之，金博士和哈丁博士们所提出的人权斗争的真正意义，不仅是法律与制度的改革，也在于构建起人活得像个人的社会。也就是说，旨在建立起一个每一个人的尊严都能最大限度地被尊重、超越种族和意识形态的差异的共生的社会。

哈丁　是的。饶有兴趣的是，美国的非暴力运动与（争取独立的）印度有很大的差异。

差异在于，美国那些推进社会变革的人们，最终必须与歧视自己、妨碍自己享受公民身份的那些人们"共生"。

我现在正在重读金的著作《从这里我们往何处去》，他在这本书中叙述了这样的事实。

很多回应了我们的运动、制定了公民权法的人们，实际上他们并非希望建立"真正平等的社会"。

因而我们今天仍在与很多这样的课题在进行格斗。

池田　废除了歧视制度，并不等于改变了制造歧视的人们的心灵。

因此重要的是，变革蛰伏于人们心中想要"歧视"和"统治"他人的心灵状态。

为了与远比改变法律要难得多的这个困难的问题，金博士一直战斗到最后。

哈丁　是的。

所以我们的斗争不单单是克服"邪恶"，还必须为创造新的"善"与"美德"而战。关于这样两个方面，"内"与"外"的战斗必须同时并行。

欲克服"内之邪恶"，不断深化对新社会的展望是不可或缺的。而且，我的兄弟池田会长您很了解，与"内之邪恶"的斗争，不只是正襟危坐、冥想和诵经。

我们在追求新的社会秩序、新的共同体的状况。这同时为新的"内在秩序"——自己的与自己和他人之间的心灵状况——的创造在作出贡献。

池田 宗教的目的绝非是形式与仪式。其目的在于，成为人们更强有力地度过更加美好人生的力量，使社会萌动着生动的精神和思想。

我想起甘地一个著名的插曲。有一个婆罗门教徒劝他不要再去做与世俗（政治和社会运动）相关的事情，让他去过冥想的生活。

甘地这样答道："我在为升至被称之为灵魂解脱的天国而终日努力着。但是，我没必要为此隐栖在洞窟里。我总是把洞窟扛在肩上前行。"①

于甘地而言，每天的斗争就是他的宗教实践，就是通往灵魂解脱的道路。

对他来说，宗教是人类生命活动的源泉，同时也是实现"人活得像人"的社会本身。他将以"真理"为依据的"非暴力"与真正的人道主义精神体现在现实政治和社会当中。

觉醒使命的女性力量

池田 为创造这样人活得像人、和平与非暴力的社会，

① ［日］森本达雄：《人类的智慧遗产 64 甘地》，讲谈社。

决不能忘记的是女性所起的作用。

女性身上具有给人以巨大感化的生气，具有杰出的力量。

迄今为止，博士您也对女性在人权运动中所起到的作用，给予高度的评价。请问是否有过给您以启发的女性呢？

哈丁 这样的女性有多位。其中有几位长期活跃于社会。

作为社会变革领域最聪明的女性之一，我想举出格雷斯·李·柏格斯①的名字。她今年95岁（2011年），作为活动家和政治思想家参与社会变革运动已长达60余年。

另一位是在漫长岁月里贡献卓著的德洛丽丝·韦尔塔②。她与同事塞萨尔·查韦斯③共同创立了美国农场工人联盟。在年届80岁的今天（2011年），她依然继续致力于社会变革活动，以充满人性的目光注视着世界。

诗人索尼亚·桑切斯④也是上帝恩赐与所有人的礼物。她为社会变革而战，创作诗歌笔耕不辍。

---

① 格雷斯·李·柏格斯（1915—　）：美国作家、人权活动家、男女同权主义者。著作有《女性与新美国建设运动》《自传——为变革而生》等。

② 德洛丽丝·韦尔塔（1930—　）：美国劳工和人权活动家。大学毕业后曾任教师，不久后参加劳工运动。与塞萨尔·查韦斯共同创立美国农业工人联合会。致力于提高工人生活与权利。曾任该联盟首任名誉副委员长。

③ 塞萨尔·查韦斯（1927—1993）：美国农业工人联合会创始人、劳工和人权活动家。曾为饱受经济剥削和种族歧视的农业工人而斗争。

④ 索尼亚·桑切斯（1934—　）：美国诗人、人权活动家。20世纪60年代黑人艺术运动代表性诗人之一。

　　同样，我对诗人、散文家、小说家艾丽丝·沃克①勇于向不可能挑战的想象力与将信念转化为行动的能力，给予极高的评价。

　　就是在最近，我曾往她家里打过电话，她没在家，但她的电话录音使我深为感动。在应对各类事情的话语最后，她向所有给她电话的人这样留言道：

　　"我爱您。真的爱您。请不要忘记这一点。"

　　您也许知道，她亦是给予所有人权运动以强有力支持的女性。

　　池田　她们都是杰出的女性。

　　博士所高度评价与拥有共鸣的女性们，您觉得她们的共同之处是什么呢？

　　哈丁　是的，她们所有人的共同点是她们对自己的祖先与根怀有深厚的感激之情。她们知道，自己的坚强和伸给别人之手的力量，其渊源皆在于祖先和文化这个根上。

　　与此相关的特征是，她们拥有将"爱"与"斗争"相结合的伟大能力。通过她们的实例，在参与社会活动的人们心目当中，可以明白"爱"与"斗争"并不矛盾。

　　池田　的确在女性身上，充满了化"对立"为"和谐"、化"分割"为"结合"的杰出能力。

---

①　艾丽丝·沃克（1944—　）：美国作家。其作品《紫色》曾获普利策文学奖。

对这种女性的特性给予高度评价和期待的人物之一，是我们一直谈到的圣雄·甘地。事实上，为数众多的女性曾与甘地一道，站在以非暴力思想为其根本的群众运动的最前线，为争取印度独立而勇敢战斗。

在佛法生命尊严的群众运动中，日莲大圣人对庶民女性们的活跃也给予了最大的赞扬和鼓励。

早在封建社会女性地位卑微的时代，就宣言道"男女贵贱，同是持得'无上宝聚，不求自得'"，意思就是男女之间不得有分隔①；另有"持此经（《法华经》）之女人，胜于一切女人，甚至，胜于一切男子"②的阐述。

请问在金博士的民权运动同志当中，都有哪些女性呢？

哈丁　在金的周围，有好几位颇富力量的女性。

除了前边谈到过的南方基督教领袖会议干部、学生非暴力协调委员会创始人、同时又是勇敢青年的启蒙之师埃拉·贝克之外，对于共同从事黑人公民教育的塞普蒂玛·克拉克③和多萝西·科顿④的贡献，金也心存深切的感激之情。在自由运

---

① 《御书》。

② 《御书》。

③ 塞普蒂玛·克拉克（1898—1987）：美国教育家、人权活动家。通过致力于南部地区的"公民权学校"活动，为促进成人教育和提高人权意识贡献卓著，被称为"民权运动伟大的祖母"。

④ 多萝西·科顿（1930—　）：美国人权活动家。曾任南部基督教领袖会议领导人之一。在1963年的伯明翰斗争中，曾负责组织青年等工作，与马丁·路德·金共同行动。

动当中，他受惠于很多卓越的女同志。实际上，由于他受到黑人教会家长制传统的影响，若想真正为这些女同志所真心赞许，是需要他付出相应的努力的。

范尼·卢·哈默[1] 对我来说，也是最重要的存在。我认为，在自由运动参加者中，她是极其重要的"草根代表"。与众多参加者一样，她也基本没有接受过正规的教育。

尽管没有学历，但她拥有伟大的智慧、理性和勇气。她同时还具备敏锐的音乐感觉，参加斗争的时候，她总能使大家生气勃勃，团结一心。她还充满出色的幽默感，对运动确信不疑。

此前我反复说过，自由运动绝非只依靠某一个超凡领袖人物而得以推进的。在南方社区社会里雨后春笋般涌现的草根运动，才是自由运动的本质所在。如同社区社会的中心是女性一样，我们必须认清，这场运动的核心力量也是女性。

如果没有女性给大家以激励，将人们组织起来的话，恐怕没有一个人到群众集会上来听伟大领袖的讲话，会场就会空无一人。如果没有女性的鼓励和号召，也不会有一个人去参加示威游行。

我们曾经谈过的、可以称作自由运动象征性事件的蒙哥马利公共汽车抵制运动亦如此。

---

[1] 范尼·卢·哈默（1917—1977）：美国人权活动家。致力于推进选民登记运动。1964 年成为密西西比自由民主党副党首，尖锐批判以白人为中心的议会政治。也曾竞选议员。

在公共汽车抵制运动之前的蒙哥马利，已经有很多妇女在积极探讨交流关于公共交通当中的种族隔离及其屈辱的问题。这就是当地大学教授乔·安·罗宾逊①所率领的"妇女参政会"（WPC）。

在罗莎·帕克斯因拒绝到巴士后座入座而被逮捕当晚，她采取了行动。

池田会长在前面也谈到过，罗宾逊前往她任教的黑人大学，在没有任何人指派的情况下，自己制作了35000张传单。

这是为抗议罗莎·帕克斯被捕、号召举行群众集会的传单。当时自然还没有复印机，她花了大量的时间和劳力，一个人用钢板油印机完成了这些传单的制作。正因为有了罗宾逊的上述行动，支援罗莎·帕克斯、标志着公共汽车抵制运动开始的第一次群众大会才得以实现。

有数千人参加了集会。这是印证女性所具有的凝聚力的事实。在自由运动的过程中，妇女们总是给人们以巨大的激励和力量，引导群众投身于运动当中。

当然，我前面也说过，我挚爱的妻子罗斯玛丽·哈丁也是支撑着运动的伟大女性之一，她拥有丰富的智慧与温暖的爱情，勇敢且意志坚强。

————————

① 乔·安·罗宾逊（1912—1993）：曾活跃于美国阿拉巴马州蒙特马利的教育家与人权活动家，曾在公共汽车抵制运动中起到重要作用。

池田 我很了解。她是一位真正的伟大的女性，是博士"忠贞不渝的战友"。

我们创价学会也是由众多勇敢的母亲和妇女的力量在支撑着，差不多可以称作"创价妇女学会"了。

在推进草根和平与文化运动当中，妇女的力量起到了决定性的作用。而且，她们绝大多数都是些平民百姓。

为崇高使命而觉醒了的妇女们，通过自身的"人间革命"，激励、团结、触发和鼓舞着人们，开创着群众运动波澜壮阔的洪流。

这种联合发展到世界 192 个国家和地区，可谓是佛教史上前所未有的壮举。这样的挑战的足迹，亦是每一个人以富于勇气的信仰，超越自己的宿命不断成长，与人们联合起来共建和平的伟大变革的实证。

如何能更加珍惜爱护这些崇高的妇女、鼓励她们发挥出自己的力量——如果说这关系到 SGI 的发展和成败，决不为过。

哈丁 无论何种运动，鼓励妇女发挥出她们最大的力量都是最重要的任务之一。

妇女觉醒到上帝赋予她们的能力，与自我的内在束缚和来自男性的外在束缚中解脱出来共同前进，这很重要。

与此同时，促进男性开阔这方面的视野也是重要的。要使他们认识和尊敬妇女所具备的作为带头人的伟大而又亟待开发的资质。

池田　是的。您说的对。

甘地说过："如果实力意味道德力量，那么妇女无限地胜过男子。"

"如果非暴力是人类的原则，那么前途有赖于妇女。"①21世纪唯有发挥民众尤其是妇女的伟大潜力，才能建构人类生命得到最大限度尊重的真正的文明——我对此坚信不疑。

如果哈丁博士有寄予日本妇女的鼓励说话，非常希望您能传达给她们。

哈丁　我希望日本的妇女们毫无畏惧地对自身和世界拥有"新的思维"，并送上我的鼓励。

只有对人生中"新的现实"敞开心扉，拥有人类的广阔胸怀，我们才能够度过完美的人生。这种敞开的心扉，能够超越文化的差异，为我们带来新起点的无限的丰富多彩。

然后再返回到"另一个世界是可能的"的座右铭上来。

日本妇女在内心深处明白，与那些在漫长岁月里一直主导着社会的男性相比，她们至少能够起到相同的作用。

如果是这样，为了她们的子孙，为了更加美好的"另一个世界"，她们有责任开始考虑，自己能够从事什么样的工作。

---

① *The Collected Works of Mahatma Gandhi*，Vol.43，The Publications Division，Ministry of Information and Broadcasting，Government of India.

三、"美国梦"与教育的使命

描绘和实现"梦想"

池田　人民诗人惠特曼高擎民主主义理想，他这样说道："现在的美国应该成为世界的伙伴，不仅达到自身的成功，还必须为人类的协作与全世界的融合，尽其可能地为扩大朋友的圈子而站起，并成为它的证人。"①

我感到，惠特曼所怀抱的宏大"梦想"与为人类和谐与共生而战的金博士的崇高"梦想"，跨越世纪发出深沉的共振。

"梦想"是一个象征着通向新的挑战、新的飞跃的可能性的词汇，我们经常听到"美国梦"这个词的运用。

据说最早使用这一词汇的，是美国历史学家吉姆斯·亚当斯，但对于这一概念的解释却因人而异。

博士您的印象是什么样的呢?

哈丁　从 19 世纪至 20 世纪，很多人将美国描绘成物质极度丰富的国家。我想存在以强烈的物质色彩来理解"美国梦"这个词汇的倾向。

但是，伟大的非裔美国诗人兰斯顿·休斯创作了很多关于"美国梦"的诗歌作品，他在这些诗歌中满怀激情讴歌的，

---

① HoraceTraubel，*With Walt Whitman in Camden*，Vol.6，edited by Gertrude Traubel，Carbondale：Southern Illinois University Press.

是自由、正义与平等。

献身于美国黑人解放这一伟大斗争的金所重视的，正是这样的理想。

金号召我们，要将美国作为能够充满丰富的人性和精神、人能够最大限度发挥自己能力的场所，去放眼于美国。

这是金梦想的核心，与惠特曼的梦想极其相似。

池田　他把美国的宏大理想，再次展现于人们面前。

金博士以其生涯，不断讲述着自己的梦想。在华盛顿大游行的演说中，他也在高声呐喊着"我有一个梦想"："朋友们，今天我要对你们说，尽管眼下困难重重，但我依然怀有一个梦。这个梦深深植根于美国梦之中。我梦想有一天，这个国家将会奋起，实现其立国信条的真谛：'我们认为这些真理不言而喻，人人生而平等'（此句引自独立宣言）。"①

他热切希望，美国这个国家能够自我完成建国时制定的《独立宣言》。

哈丁　我们在前面涉及过，联邦宪法序言中揭示着我们美国人民肩负着创造"更完善的联邦""更完整的民主主义"责任的理想。

金和参与运动的人们，正是为了不使这样的理想、即"梦想"只流于单纯的理想，要使之化作实实在在的行动才进行奋斗的。

———————————

① 《我有一个梦想　马丁·路德·金说教·讲演集》。

伟大的"美国梦",就是美国自身要"尽其可能成为最好的国家"。从这一点出发,物质的丰富只是梦想的一部分而已。金为这样的"美国梦"的变革与深化作出了贡献。

我们把惠特曼到兰斯顿·休斯联系起来看的时候可以发现,这些诗人都在鼓励我们要拥有对"更美好的世界"的可能性的梦想。

至于理想如何实现、如何在日复一日的生活中使之具体化,他们自己也并不明白。

但是我们知道,假如连"梦想"都不去描绘,那么就什么都不会产生。因此,虽然我们不能只描绘了"梦想"就浅尝辄止,但假如没有"梦想"就一切都无从谈起。

池田 是这样的。伟大的"梦想"培养伟大的"人",促进伟大的"斗争",造就伟大的"人生"。此后不久,就会开创出伟大的"历史"。

希望肩负着时代使命的青年们,向着自己的"梦想"去勇敢地挑战——我一贯这样号召。

此刻我想起恩师户田会长经常教导的话语:"青年拥有的理想,越大越好。人在自己的人生当中能够实现的,不过是想法的几分之一。如果从人生起始之时,其理想太小,那么就会一事无成。如果那样,我们的人生还有什么意义。"

我的"梦想"——那就是实现恩师擎起的宏大"梦想"。

第二次世界大战后,户田会长毅然推进了以佛法为基础、旨在为了和平的民众运动。作为他的弟子,为实现其"理想",

我将师之心为我心，奔波于世界各地，坚忍不拔地战斗。

现在我们应该把焦点放在前程无量的青年身上。我将希望、勇气与蓝图赠送给他们，鼓励启发他们为实现伟大的"梦想"而勇敢战斗下去。在这里，教育的作用十分重要。

"自发的力量""内发的力量"

哈丁 前几天我听说这样一件事。不是密歇根州就是俄亥俄州，某公立学校举办了一场作文比赛，内容是为了"创造更完善的美国"，把希望奥巴马总统做的事写成一封信。

我认为，应该更多采取类似的方法，促进青年们思考"创造更加美好的世界，是怎么回事"，并且"在这件事情上，我们自己的作用是什么"。

这20年来，经常萦绕于我心头的问题——那就是要培养充满民主主义精神的公民，到底需要什么样的教育。

并非只要生长在美国，那个人就能够理解民主主义所蕴含着的可能性与力量。这如同刚刚从母亲那里出生的婴儿，不能马上就理解成为人的意义一样。

同样，"民主的公民意识"也非从一开始就存在于人们之中，而是必须加以培养的。

因此，为在美国的历史上创造新时代的巨大课题，是开发旨在培养这样的公民的有效且启发式的教育过程。

我认为，这个工程需要以世界上所有的伟大宗教传统来奠定其精神基础。

　　这里最重要的是，要认识到"我们中间任何一个人，全都具备使自己成为远比今天的自我优秀得多的人的内在能力"。

　　池田　这是博士一贯主张的一点。民主主义的健全发展，不可缺少的是理解其精神，将其生动地体现的"觉醒的公民"的团结。

　　惠特曼将民主主义称之为"新大地之梦"，是造就一流人物的"训练学校"，是"生命修行的道场"。

　　他同时强调宗教的重要性说，要想让民主主义充分发挥其作用，"需要出现更加健全的、全面普及的信仰之心"[①]。

　　我们所信仰的大乘佛教，其真髓也在于平等的思想。承认所有人都具有尊极之可能性——佛性，具体地指出使人的尊严与生命的尊严能放射出无限光芒的道路。

　　只有把这种平等思想深植人心的精神斗争不断扩大，才能够真正建构起充满民众活力的社会。

　　如同哈丁博士所述，首当其冲最为重要的事情是，努力持续地促进人们觉悟到自己所具有的巨大的可能性。

　　哈丁　我认为，只有这样的社会，才是惠特曼所说的美好的"生命修行的道场"。在这个道场里，我们必须锤炼自己最大限度的才能和资质，并将其发挥作用。

　　说到这里，我不禁再次想起兰斯顿·休斯的话。休斯在题为《让美国重新成为美国》的杰出诗作中讴歌道："对我来

---

① 《民主主义的展望》，佐渡谷重信译，讲谈社。

说，美国从未有过美国的那个感觉。"

对于我们很多人——尤其是妇女、美国原住民、非裔美国人等有色人种、更重要的还有贫困线上的人们——而言，这个国家从未有一次真正回应过我们的期待，这是完全正当的主张。

休斯的主张还不止于此，他还吟诵道："然而我庄严宣誓，美国将一定会是的。"

池田　这是对宏伟理想的坚信和挑战。休斯讴歌道：

> 让美国重新成为美国。
> 让它成为它过去追寻的梦想。①

在他胸中，至今尚未实现的美国民主主义的可能性——对真正意义上的"美国梦"的希望的灯火，正在冉冉燃烧，辉煌闪烁。

休斯还铿锵有力地吟诵道：

> 我们拥有明天
> 在我们跟前
> 像光芒万丈的火焰②

---

① 《兰斯顿·休斯诗集》，木岛始译，思想社。
② 《守梦人》。

向着希望的明天，继续阔步前进的民众们——我对休斯朗朗讴歌的美国公民形象，感到无穷的魅力。

哈丁 构筑"更完善的美国""尽可能美好的美国"的工程，必须所有的人都参加方可实现。

不是等待总统和议员的登场，而是我们每一个人自身必须互相教育，为实现"更完善的联邦"这一"美国梦"，齐心合力共同参与。

也就是说，民主主义社会的变革，是始于民众强烈希望变革现实的炙热决心的。只有当民众对变革的热切希望变得汹涌澎湃的时候，新时代才会开启。

而第二次世界大战后我们所经历的南方的自由运动就是这样的事例。

池田 是的。唯有民众才是时代变革的主体。并且，每一个人的人性革命，才是创造新时代的原动力。

在我年轻的时候，户田会长曾经这样说过我："要进行大革命。这不是以武力和权力所进行的革命。是进行一场叫作人性革命的不流血的革命。这是真正的革命。"

创价学会所推进的，是以佛法的生命尊严思想为基础的、称作为"属于民众、由民众开展、为了民众的革命"。学会中不存在特殊身份的圣职者。

每个人都是运动的主角和主体者。重要的是，如何才能更多地发掘出民众的"自发的力量"和"内发的力量"，加强他们的协作。我认为，SGI 在世界各地所推进的运动的使命与意义就在于此。

我们决心从前人的种种努力和挑战的历史当中学习和汲取教训，同更多的公民运动相协调与合作，将这场运动进一步扩大下去。

强韧的人的精神力量

哈丁　在培育体现民主主义精神的公民过程中，学习为开创"更完善的联邦"的斗争而献身的人们的"故事"，是不可缺少的。

最适合这方面教育的事例，是关于废除奴隶制度运动的故事。为了从这个国家消除掉奴隶制，无论是黑人还是白人，美国人民都经历了伴随着惨痛深重牺牲的巨大的斗争。这是应当传授给所有孩子们的历史。

一次在某个学校给孩子们讲述我们的斗争时的情景令我难以忘怀。我给他们放映了描写美国人权运动的纪录片《注视你应有的奖赏——美国的民权运动》里的几个镜头。

其中有一个象征性的镜头：金和他的伙伴们从亚拉巴马州的塞尔玛向蒙哥马利行进，他们走过极其崎岖艰险的道路之后，终于抵达亚拉巴马河，在过佩特斯桥。（1965 年 3 月 7 日发生"血腥星期日事件"后，金博士等重新尝试游行）

我让孩子们注意看走在金旁边一位长着白头发和白胡子

的人，告诉他们说，他的名字叫亚伯拉罕·J.海歇尔①，是位伟大的拉比（犹太教领袖）。

然后我问孩子们能否想象到他们自己也在参加那游行队伍。

在几个孩子回答我的提问过程中，有个年幼的男孩使劲地挥动着举起的手，他是想说些什么，大概也就六七岁的样子。当我允许他发言的时候，男孩子这样说道："我在那里！我就在那里！"

我问他说："真的吗？"他回答说："是的！我的名字也叫亚伯拉罕！"

对我来说，那真是一个终生难忘的美好瞬间。我认为，孩子们在等待着我们的召唤，他们具有参加运动的精神准备。

池田 自幼就以通俗易懂的方式将人权的意义和尊严教导给孩子是重要的。

我在发表于 2011 年 1 月的"SGI 纪念日"的纪念倡言中，阐述了建设"人权文化"的重要性，提议作为强化人权教育的一环，创设"联合国人权教育计划"。

我当时也谈及哈丁博士所说过的、将人权斗争传递给下一代，继续扩大民主主义的重要性。

---

① 亚伯拉罕·J.海歇尔（1907—1972）：出生于波兰的犹太教领袖（拉比为哲学家之意）。曾参加美国民权运动，与马丁·路德·金一道进行人权斗争。主要著作有《人非孤独一人》《寻找人性的上帝》等。

　　担负着未来时代使命的下一代，继承前人们斗争的历史与精神，是人性教育最重要的课题之一。

　　刚才哈丁博士谈到的海歇尔博士，为躲避纳粹德国的迫害而来到美国，共同参加自由运动和反对越南战争运动，是20世纪具有代表性的犹太教哲学家之一。

　　他对自己亲身受到的种族歧视之邪恶，予以如下激烈的抨击，和金博士的运动联合战斗。

　　"种族歧视是人对人最为深刻的威胁。以最小的理由而施予最大的憎恶，以最小的思考而施予最大的残虐。"①

　　说的完全正确。遗憾的是，在进入21世纪之后，人歧视人的愚蠢、野蛮的行径，仍在世界各个地方横行，痛苦折磨着众多的人们。

　　有史以来，人们通过孜孜不倦的努力，在科学技术领域将进步掌握在手中。但是，如果说人的精神性也达到了与之相应的进步，则相去甚远。

　　20世纪因为将科学技术之精华，皆投入到了连绵不断的战争当中，致使历史上前所未有的庞大数目的人民被夺去了生命。

　　这样的事实再次告诉我们，仅靠科学与知识是绝对无法解决人类社会之不幸的。在这个意义上，科学越是进步，对提

---

① Abraham Joshua Heschel, *The Insecurity of Fssays on Human Existence*, Farrar, Straus and Giroux.

高人类自身的教育提出的要求则越高。

哈丁　是的。21 世纪的教育，是不可能将科学技术排除在外的。但我认为，科学技术的优先顺序，应当排在第二位或者第三位。

究竟我们是否理解了科学技术是为何而存在的呢？如果没有认识到人的精神力量、不具备社会变革的明确的蓝图，就绝不会明白。

只要不把科学技术定位于"为创造更加公正、民主、善意的社会服务"之上，我们就特别容易身陷如同希特勒① 时代的德国那样的境况里。

在科学技术领域，20 世纪的德国处于世界最高水平。这充分证明，如果科学技术不以某种更加深刻、更加有意义的目的为基础，就会成为威胁人类存续的危险的存在。

池田　再没有比威胁人的生命尊严、为错误的思想与目的观所支配的科学的狂奔更加可怕的东西了。

科学的"真正目的"是什么呢？应该只有为了"人类的幸福"。科学愈发达，愈需要能够将其统辖、将其服务于幸福的哲学、能够提高人们的伦理观的思想，以及能够将这样的思想具体化的教育与社会环境。

户田会长在战后不久的 1949 年强烈主张："真正的宗教，

---

①　阿道夫·希特勒（1889—1945）：德国政治家。曾作为纳粹党党魁掌握政权。在其独裁政治之下，大量屠杀犹太人，并发动第二次世界大战。1945 年在德国投降前夕自杀。

应该指导科学为和平与人类幸福所存在，且必须使科学为创造大众幸福所用。"①

关键在于我们每一个人如何锤炼、提高作为人的资质。我们无比敬爱的南非曼德拉② 前总统也这样说过："最困难的事，不是改变社会，而是改变你自身。"

使这样的变革变得可能，可以说正是教育的使命。

哈丁 是的。播种变革种子的教育，必须是从"内在的世界"和"外在的世界"两方面着手才行。

要想理解他人是怎样培养自己的精神、进而获得成功的，我们必须首先了解自己，知道自我内在成长的道路所在。

作为历史学家，我所着眼的事实是，在这个世界上，既有"推进变革的人们"，亦有"不希望变革的人们"。他们为何抵制变化呢？我以为，答案不仅要从历史依据来找，还需要从个人的内在性理由来加以理解。

我们有必要理解，我们自身在存在促进社会变革的伟大力量的同时，也存在试图阻止变革的内在性障碍。

人们是如何克服了这些内在性障碍的抵抗的呢——我想，

---

① 《户田城圣全集》第三卷，圣教新闻社。
② 纳尔逊·罗利赫拉赫拉·曼德拉（1918—2013）：南非共和国黑人解放运动家、政治家。曾参加非洲民族会议（ANC），致力于废除种族隔离政策运动。被捕入狱后，被宣判终身监禁，度过 27 年半牢狱生活。1990 年获释后，在南非首次不分种族的大选中获胜，就任总统（在任为 1994—1999）。1993 年获诺贝尔和平奖。

对这一问题的探究，就是教育应该去解析的课题。

教育中的艺术与诗心

池田　这是直逼人性的本质和人类社会本质的非常重要的探究。

我很明白，博士所推进的人权斗争，也是一场在争取没有歧视的社会过程中，追求人的真正价值，拓展"内在变革"的精神斗争。现代的教育，正应该把聚光放在这一点上。

在这里，我想确认一下教育中的艺术与诗心的重要性。

实现优秀的人性教育，在需要知识、理论、道德的同时，还需要旨在提高人的精神的艺术和诗心。

惠特曼这样说："今后乃至漫长的将来，对于合众国明显必要不可或缺的问题是，成为值得自我信赖具有唯一的自立性的国家，变革为热爱艺术的国家。"①

接着，他这样阐述诗的意义与重要性："诗是人自我中崇高的自豪的旗帜，人总是把它举在前方，无论遇到何种困难局面，都必须将这面旗帜高高举起。（这样的自豪才是新的宗教的根本性基础）"②

美国具有代表性的教育家和哲学家约翰·杜威③ 博士也格

---

①　《民主主义的展望》。

②　《民主主义的展望》。

③　约翰·杜威（1859—1952）：美国教育家、哲学家。发展了实用主义哲学，其理论领先于美国哲学界。关心儿童教育，就职于芝加哥大

外重视艺术在教育中的作用。

艺术与诗心是生动活泼的人类生命的表露，故而使人们的灵魂产生共鸣，具有联结心灵的力量。

哈丁　我认为，欲促进人的成长和培养人性，无论何种形式的教育，都应将艺术包含在内。

在我的著作《希望与历史》改订版中，我新增加了关于在民主社会发展当中艺术家的作用的章节。

我认为，艺术应当成为"有助于人更加富于人性的教育"的核心。

"诗歌"尤其能给予我们思考人生故事时以创造性。因为诗人们不停地试图到达我们现实的幽深之处。

譬如，金在谈及自己的"梦想"时，很重要的一件事就是涉及如兰斯顿·休斯这样的诗人的作品。休斯的作品，总能够为"梦想"究竟为何物激发起思考。

这些诗将金想要叙述的体验，以不同的形式、不同的语言加以表现着。

关于"梦想"，休斯写过很多首诗。譬如以下这一首：

　　　　紧紧抓住梦想

　　　　因为一旦梦想消亡

学期间，曾创办"实验学校"。广泛考察世界各国的教育制度，曾在日本与中国进行讲学。1904年后任哥伦比亚大学教授。著书颇丰，有《学校与社会》《民本主义与教育》《心理学》等。

　　生活就像折断翅膀的小鸟

　　无法自由翱翔①

　　诗歌使我们忆起我们所具有的创造力——即叙述与理解自己的故事的能力——

　　还不止于此。想象新的未来，其作业在本质上就是充满诗意的。而诗歌又在敦促着我们去继续作业。

　　或许，谈论未来根本就不应该采用日常性的散文和学术文章或者论证式的记述等形式。未来或许只应该以诗歌的形式来表达。因为诗歌是联结"存在的事物"和"今后要来到的事物"之间最好的桥梁。

无论千难万险都心怀梦想

　　池田　为了"美国梦"在新世纪里的重生，也需要恢复高昂的诗心。

　　前些日我收到博士惠赠的大作《希望与历史》改订版，非常感谢。《圣教新闻》也迅速做了介绍。

　　我认为在这次的改订版中再次强调了艺术在社会变革中所起的作用，实为意义重大。

　　可以说，金博士与哈丁博士为实现所梦想的"理想的美国"而进行的斗争，就是伟大的前人所讴歌的诗心——是在真

---

① 《守梦人》。

正意上实现"建国理念"之运动。它今天仍在被强有力地继承着。

哈丁 是的。我认为迄今为止，作为国家的美国，或者她的领导人，从来没有一次在真正意义上坚持过建国的理念。

成为最高法院首位非裔美籍大法官的瑟古德·马歇尔① 说得很明白：曾经站在美国建国中心立场上的奴隶主和奴隶商们，在谈论"民主主义"和"为了所有人的正义"时，连他们自己都没有真正理解他们自己说的话的含义。

奴隶制是美国建国之初就存在的"伤痕"，我们所前进的每一步，都必须是使那个"伤痕"得到治愈才行。

因此我们，还有下一代所有的人，必须将我们所追求的"自由""多民族"和"民主主义"的美国社会描绘于胸中，前赴后继努力不息，直至这一理想社会得以实现那一天。

池田 正是在这个意义上，金博士所描绘的"美国梦"将继续在每个人的心中闪烁光芒。

绝望于现实的苦难，放弃斗争在一旁冷笑是容易的。但是只有勇敢向苦难进行挑战，才是人性的进步，才是精神的胜利。

我们能够和必须永远拥有梦想。为什么呢？

因为在人的胸中，原本就具备战胜一切苦难的巨大勇气

---

① 瑟古德·马歇尔（1908—1993）：美国法律家。曾任全美有色人种地位向上协会律师，1954 年取得在公立学校实行种族隔离教育属违宪的判决胜诉。1967 年被任命为首位最高法院非裔美国人大法官。

与希望的力量；原本就蕴含着不屈的生命的力量。

可以说，在这池生机勃勃的"生命之泉"当中，也包含着"美国梦"的源流。

梦想的实现，会遭遇艰险的障碍和激烈的反作用力。然而金博士号召说："让我们培养'尽管如此'的资质吧。"[1]

尽管面临着千难万险，但我们都要以更强的斗志奋勇前进。无论遇到什么，我们都要开朗乐观地战斗下去。

因为我相信，在不屈不挠的斗争的最后，伟大的人类之"梦想"必将把我们拥抱于灿烂之中。

四、全球一体化时代的教育和挑战

人类共生之路

池田 作为与博士的对谈的总结，我想谈谈关于当代世界的潮流，即全球一体化的课题。

金博士很早以前就敏锐地预见到了这一时代变化。在遇刺四天之前（1968 年 3 月 31 日）的演说中他这样说道："我们受到挑战，要我们发展世界性视点。任何人都无法独自生存。任何国家也无法闭关锁国独善其身。认为自己一个人就能生存的，那是在革命的时代里冬眠的人。"[2]

---

① 《向着承诺之地》。

② 《夜半叩门——金牧师说教集》。

金博士所思考的，是人类已是命运共同体，必须选择共存共荣之路。不可总是束缚在憎恶与贪欲当中，不能再重复争斗与暴力——他一定这样强烈认为。

哈丁　是的。全球一体化不同于东南亚的季节风那样的自然现象，它是必须与人相关联的过程。它的产生来自于以人的欲望这一原动力组成的经济、政治、文化的构造。对于很多人而言，全球一体化也是新的财富和权力的源头。

但是，对于大多数人而言，这又是痛苦与贫困进一步加深的源头。正因为如此，有必要究明怎样才能使全球一体化的力量，朝向对人类有益的方向。

池田　金博士的呐喊，响彻在我们心中。博士又接着说道："我们以科学及技术的才能，把这个世界拉近到身边；但我们尚未拥有能将那里变为兄弟之爱的场所的伦理性参与。"①

这是有良知的人们痛感到的事情。与科学技术的进步相形对比之下，人性的进步明显滞后。

汤因比博士在与我的对谈中作为一个结论所强调的，也是这一点。

博士尖锐指出："我们的技术与伦理的差距，前所未有地在拉大。""能够确立人性尊严的，非伦理领域莫属。"②

我们在建设富裕的社会的同时，不，比这更为重要的是，

---

① 《夜半叩门——金牧师说教集》。
② ［日］池田大作、［英］A.汤因比：《二十一世界的对话》（下），圣教新闻社。

首先必须构筑"人活得像人的社会"。

哈丁　我想向您说的是，假如今天金还健在，我想他大概在表达"人类社会"的理念的时候，已经不再使用"兄弟之爱"（brotherhood）这样的词汇了。

因为"兄弟之爱"这种表达方式浓重反映着因袭下来的以男性为中心的视点。所以我想假如金仍健在，他很可能这样表达他的理念："虽然把这个世界拉近到身边了，但我们没有通过伦理性参与将那里变为爱的共同体。"

那么，构建"爱的共同体"，应该如何去做呢？我认为，能够成为巨大力量的，是"好的新闻"，即广泛宣传积极致力于构建"爱的共同体"的人们与团体的事例。原因是几乎所有的人都对这样的新闻一无所知。

我在很早以前就有这么一个想法，应该由从事媒体职业的志愿者组成"好新闻网络"。这个网络专门从社区和世界上找出"积极的"、能够给人们以"鼓励"的新闻来加以报道。

池田　您说得对。为了让人们联合起来共同前进，即便是一个微不足道的挑战，也能作为"好新闻"发布出去，给人们以启发，这样的媒体的存在，必将成为强大的力量和希望。

当今媒体的形态由于全球一体化和信息技术的发展而多样化，正在迎来"革命的时代"。新的信息与知识通过因特网，每时每刻不断发出，为全世界的人们所共有。人们所关注的，往往是些华丽的新闻或者事件。然而，正因为这样，我们为了创造更加美好的社会，希望能够发出以实实在在的社区活动为基轴、使人们的心能够紧紧联系在一起的"好新闻"。

第二次世界大战后，我们的群众性和平、文化、教育运动发展起来之时，恩师户田第二任会长提出"今后是言论的时代"，开始酝酿报纸的创刊。开始是旬刊（每 10 天 1 期）。以户田会长和我为中心，我们师徒亲手创刊了《圣教新闻》。

恩师说要让日本和全世界的人都能读到这份报纸，所以从创刊五周年（1956 年）年初起，开始向印度的尼赫鲁总理、菲律宾的马格赛赛① 总统、中国的毛泽东② 主席和周恩来③ 总理等亚洲各国 10 位领导人赠送《圣教新闻》。

当时创价学会还是个小团体，有人还笑话我们。但是，

① 马格赛赛（1907—1957）：第七任菲律宾共和国总统。1933 年毕业于国父大学。1953 年就任总统，站在农民和庶民角度推行政治，受到人民爱戴。1957 年在其任期当中因飞机失事遇难。

② 毛泽东（1893—1976）：中国政治家。生于湖南省湘潭县。作为中国共产党领袖，领导了抗日战争和国内战争，并取得胜利。1949 年，中华人民共和国成立，当选为中央人民政府主席。1954 年当选中华人民共和国第一任主席，领导了新中国的建设。

③ 周恩来（1898—1976）：中国政治家。生于江苏省淮安县。1917 年留学日本。回国后在五四运动中领导了天津地区的运动。后留学法国、德国，其间加入中国共产党。在 1936 年的西安事变中，任中共全权代表，说服国民党的蒋介石，组成抗日民族统一战线。1949 年中华人民共和国成立时任政务院（后改为国务院）总理兼外交部长，在内政外交两方面发挥作用。1974 年与池田 SGI 会长进行了日中友好的会见。

我们继承恩师之心，为将《圣教新闻》提升为向人们赠送希望与勇气的"人性的机关报"，始终努力至今天。

遵守"信教自由"，开展"通往和平的对话"，开拓"人道世纪"，创价的民众运动始终与《圣教新闻》一道发展着。因此，关于发出给人以活力的信息的重要性，我有切肤之感。

我同时认为，优秀的活字文化、读书文化的兴盛是不可缺少的，因此我在这方面的启蒙上也在投入力量。

哈丁 这是很重要的活动。

在全球一体化过程中，因特网的影响既有利亦有弊。

我感觉，作为在世界各地共享"非暴力"实践方面的信息手段，因特网受到了创造性的活用。近年发生在埃及、尼日利亚等国的由青年主导的革命"阿拉伯之春"就是其中一个例子。

很明显，由于这一新的交流手段，人们能够共享"世界变革的确是可能的"的希望。

我们的"前辈希望工程"活动，其目标是超越社会、政治、种族、经济等一切界限，使青年们团结起来。如果能将此在多文化、多国籍的教育现场付诸实践，将会成为学生们不仅理解自身的价值，同时对处于与自己环境迥异的人们的价值观，也是加深理解的机会。

池田 我对此全面赞同。推进超越国界、生长在不同文化背景的青年之间的交流，一定会由于新的思维而产生新的协作关系。

在此当中相互了解，相互学习，相互提高，就能够创造新的时代。

人们会重新发现这样一个事实，在对方宗教文化背景迥异、种族差异之前，他们首先是与自己相同的人。

金博士在刚才谈及的演说中说："由于某种不可思议的理由，我在你应该成为的你之前，决不会成为应该成为的我。而在我成为该成为的我之前，你也不会成为该成为的你。上帝这样缔造了宇宙，造就了这样的结构。"接着，他又引用了英国诗人约翰·多恩①的名言："任何人都不能自己一个人就成为一个岛屿。谁都是大陆的一部分，本土的一部分。……任何人的死，都会使我变小。因为我与人类相关。所以不要派人来问在为何人敲响丧钟。丧钟为你而鸣。"②

这是与佛法的缘起观互为共鸣的洞察。所有的人都是相互关联的。因此，在通过与他人的对话给对方以鼓励的同时，自己也获得了鼓励和力量。

使他人觉醒，亦是使自己觉醒。尊重他人，亦是尊重自己。他人与自己，最终是"不二"的关系。

---

① 约翰·多恩（1572—1631）：英国诗人。曾留下讽刺诗、爱情诗、信函诗、宗教诗等丰富多彩的作品。后半生任英国国教会司祭，其卓著的布道负有盛名。给海明威等后世作家以很大影响。代表作有《周年纪念日》《布道》等。

② 《夜半叩门——金牧师说教集》。

对他人的生命给予最大限度的尊重

哈丁 我感觉，池田会长所说的"对话"，是以无论对方是何人都能有益于对方为基础的——我们相互给予相互获得，因分享的力量而结合在一起。一切芸芸众生，皆为相互给予、相互获得而存在。我们因互相帮助而存在，这体现着人的神圣的精神。这也是所有伟大之师为人类指引的道路。

池田 这与前面曾经谈到过、《法华经》中所言的"不轻菩萨"的实践亦同出一辙。

不轻菩萨是一位对所有的人都贯穿尊敬其人性之礼拜修行的菩萨。关于不轻菩萨的礼拜，日莲大圣人教导说："为自他不二之礼拜。其故，不轻菩萨既礼拜四众，则上慢四众所具佛性，又为礼拜不轻菩萨矣。人向镜中礼拜时，则镜中之影又向己礼拜矣。"①

他人尊严的生命——不轻菩萨从中悟到其佛性，坚持与之对话。贯穿如此实践的不轻菩萨，是至高至上的生命尊严的体现者。

给予他人生命以最大的尊重，一定是所有对话的出发地，也是目的地。我亦以此信念，向超越文化、宗教、意识形态的开放的对话挑战至今。

在全球一体化的世界里，我们必须深刻认识到两个事实，一是不仅人与人之间互为关联，二是人与自然、与地球亦密不

_____

① 《御书》。

可分。

哈丁 是的。在这个意义上，我为 2010 年 4 月发生在墨西哥湾的原油泄漏事故的悲惨事件而深感痛心。

如亲爱的兄弟和友人池田会长所知道的那样，在思考世界和平时，必须理解"人类社会的和平"和"与自然的和谐"是紧密相连的事情。

如同我们作为人需要学会相互感激一样，还必须更加深刻地理解与自然界的关系——哪怕是水深达数千米的深海生物世界。

环境运动的先驱者雷切尔·卡森①早在半个世纪以前，就发出了人类照此下去是不行的呼声。他警告说，假如忽略除人类社会以外的世界的关系，将无法发挥人类出色的潜能。

我们人类如果与其他生物割裂开来，是无法真正活得像个人的。任何行为都不应该是统治他人，而是与他人相协作。在教导他人的同时，必须也向他人学习才行。

希望我们人类不断深化慈悲之心，更加强烈地意识到与地球的一体化联系。

———————————

① 雷切尔·卡森（1907—1964）：美国海洋生物学家、科学作家。曾任职于内务部鱼类·野生生物局，在从事海洋生物研究的同时，发表主要关于生物学方面的科学著作。其中尤以 1962 年发表的《寂静的春天》而著名，作品揭露了当时在美国大量使用的 DDT 等农药对自然的破坏。她提出人为破坏生态系统的问题，对而后的环境保护运动产生巨大影响。其他作品还有《我们周围的海洋》《神奇的大自然》等。

池田 正如卡森博士所反复阐述的那样，人类不过是广阔无垠的地球和寥廓无际的宇宙的一部分而已。

故而要求我们要认识到地球非人类的垄断之物，对森罗万象的行为怀有感谢与敬畏之心，与自然共生。

佛法说："无正报则无依报。又、正报以依报作之。"① 意为正报（人类本身）与依报（社会与自然等环境）之间是相互影响的关系。人无环境则无法生存。破坏环境其结果是破坏人类自己。

倘若忘却对自然的谦虚与虔敬之心，就如同金博士指出的那样，人类会因傲慢的自私和贪欲走上"自灭之路"。

培育共生之道德风尚，并将其传授给下一代，是共同体今后的重要使命。

哈丁 在思考构建全球一体化共同体时，首先需要明确"共同体"到底是什么。

在这里，彻底地认识自己是不可或缺的。如果对自己没有清醒的认识，就会跌倒在模仿、完全依存或完全拒绝他人的诱惑之下。那样的话是无法开创出共同体的。

构建全球一体化共同体不可缺少的是，我们必须去真挚地追究"我们是谁""我们从哪里来"的问题。

当下所说的全球一体化只是从物质角度而言的。这样比较容易流于"与别人相比，自己多么优秀，自己是何等特殊的

①《御书》。

存在"。如果想真正培育地球公民意识，就必须更深入地挖掘"我们是谁"的问题，在根本性层次上认识到人与所有芸芸众生皆是万物相连的。

我想，如果把让所有的孩子都能够探究它们不了解的另一个世界的内容列入教育课程，就会有益于我们所说的作为"地球公民"的意识的形成。

如同履行作为本国公民的职责一样，还必须要把自己作为世界的一员，地球的一员，宇宙的一员，叩问自己应该起到什么样的作用。我们应尽的职责是什么呢？在这个视点的前方，会为我们打开与迄今为止截然不同的世界观。

为坚持正义，勇气的重要性

池田　我深深赞同这样的观点。"我们和其他的一切都是联系在一起的"——这种思维与佛法的"缘起观"一脉相通。

"缘起"之思想认为，所有宇宙事象皆"因缘而起"，即无一为孤立之存在，注定是因某种缘分而发生和存在。

自己与他人、人与社会、人与自然、人与地球、人与宇宙——万物皆在相互给予作用的力动原理中生成和发展。

我想，立足于这样的人类观、世界观、宇宙观之上，探究和贯彻共生之道，就能够培养出作为世界公民的重要资质。

关于世界公民的具体人物形象，我曾在哥伦比亚大学教育学院讲演时谈到过，我认为以下三种资质是重要的。

即 1. 深刻认识生命之相关性的"智慧之人"；2. 不畏惧和

拒绝种族、民族、文化上的差异，而是尊重、理解并将其作为成长之精神食粮的"勇气之人"；3.不仅对身边的，对遥远地方的受苦人也情同其苦、团结协作的"慈悲之人"。

哈丁　池田会长所列举的三项资质，锐指问题的核心。

我特别认为，无论做何事，"勇气"都是其核心。原因如沃尔特·惠特曼和兰斯顿·休斯所言的那样，描绘梦想是需要勇气的。

对尚未成形的东西敢于赌上自己——于是迈出了第一步，拥有了梦想，采取了行动。任何局面都首先需要富于勇气。

池田　没有勇气，任何事情都无从谈起。可以说，勇气是发现智慧与慈悲的第一条件。

我想问问博士，您认为在美国能够称之为"世界公民"之楷模的领导人是谁呢？

哈丁　至此为止我曾列举过几位民众中间的真正的领袖人物，假如说传统意义上的领导人的话，我以为奥巴马总统是最有可能成为真正伟大领袖的人物。

我认为与其他领导人相比，奥巴马总统对人有着深刻得多的洞察力。我想他现在还不知道如何发挥这方面的力量，尚处于苦斗之中。总统必须具备的资质之一，就是像金的一生所昭示的那样，具有为了国家和人民的幸福，对于必须去做的事情追求到底的伦理上的强韧性。

为了美国民主主义的提高，我想敦促他在面对"种族主义、白人至上主义""物质主义""军事主义"问题上，发挥富于勇气的领导能力。

池田 博士期待之大，我已经深切领悟。如果没有坚决贯彻自我信念的决心，任何变革都会一事无成。

美国历史学家、作为人权运动领袖广泛活跃的杜波依斯①博士，为激励人们，发出这样的呐喊："晨曦从山冈那边升起。拿出勇气来，兄弟！为了人性的战斗没有失败，也不会失败。"②

杜波依斯博士曾组织泛非主义运动③，以为争取非洲独立而献身的人物闻名于世。

50年来，我一直主张"21世纪是非洲的世纪"，是强烈希望非洲的发展和民众成为幸福人群中的一员。

博士特别尊敬的非洲领导人是哪一位呢？

哈丁 是的。非洲有50多个国家。这些国家存在着共同的困难和希望，与此同时我们也不能忽略，作为非洲大陆的一

---

① 威廉·爱德华·伯格哈特·杜波依斯（1868—1963）：美国人权运动领袖。首位获得哈佛大学博士学位的非裔美国人。曾创设全国有色人种协会，并担任该协会会刊主编。积极支持非洲大陆的独立，晚年应加纳总统夸梅·恩克鲁玛的邀请，迁居加纳，加入加纳国籍。主要著作有《黑人的灵魂》等。

② 《黑色巨人——W.E.B.杜波依斯》，小林信次郎译，山口书店。

③ 泛非主义运动：居住在世界各地的非裔人民为争取非洲大陆统一与独立的运动。1919年，W.E.B.杜波依斯主持召开泛非会议，通过要求实现非洲的阶段性自治的决议。第二次世界大战后，在加纳恩克鲁玛总统领导下，非洲民族主义得到增强，发展为非洲各国的独立运动。

员，他们又各自具有其独自性。

在此当中，南非是特殊的。四分之一世纪以前，人们始终认为，如果没有悲惨的流血的代价，种族隔离政策大概是无法终结的。然而，这个国家避免了国家规模的惨剧，得以和平过渡到更加平等的社会与政治体制。南非正在向着建设多种族、多样性的民主主义国家进行挑战。尽管实现这些绝非易事，但我期待着。

关于世界公民的必要条件，池田会长列举了"勇气"，我认为，给南非带来戏剧性的变革、废除种族隔离政策后成为第一任总统的纳尔逊·曼德拉，为了即将来到人世的下一代，与凶狠残暴的敌人进行战斗，堪称为富于勇气的领导人。

池田 我曾在东京两次会晤曼德拉氏。一次是他出狱那年1990年，另一次是他以总统身份访日的1995年。不屈斗士那开朗的笑容，给我留下格外深刻的印象。

坐牢1万天——在长达27年半的严酷的监狱斗争中，曼德拉氏始终是一位伟大的世界公民。因为打碎种族隔离政策壁垒的曼德拉氏的斗争，是"代表人类的斗争"，是"开辟人类历史上前人从未涉足的开垦地的斗争"。

这正如哈丁博士所说的那样，这也是为了未来的孩子们的斗争。

所谓世界公民，即是不只为现在，还为着遥远的未来而活在当下的人。因此，他们珍视肩负未来的下一代。

访日期间，曼德拉氏为能与创价大学学生等青年们进行交流而感到分外的喜悦。

哈丁博士的公子乔纳森在创价大学留下了宝贵的青春篇章。作为创办人，我无比喜悦。

哈丁 和我一样，我儿子说，他自始至终受到创价大学各位人士的亲切关怀。在被关怀、安心的学习环境中，他的学习收到了超出预期的成果。我儿子受到了诚恳的厚待。

池田 我听说他性格开朗，学友们都很喜欢他。请向他转达我的问候。创价大学是乔纳森的母校，欢迎他随时回来看看。

博士也曾访问过日本的创价大学和美国的创价大学（SUA），给学生们以巨大启发，在此我表示衷心的感谢。

托您的福，在 2010 年《新闻周刊》杂志全美 3000 所大学排行榜中，创立只有 10 年的 SUA（美国创价大学）在四领域排名居前。

其中在根据种族和母国数据测定的"最富于多样性的大学"领域，美国创价大学继宾夕法尼亚大学、麻省理工学院等传统名牌大学之后位居第 12 名。

永远的求道者

哈丁 SUA 明确宣言，该大学是旨在培养为"和平"和"更加公正民主的世界"作出贡献的学生的教育机构，并正在实践其理念。我对这一事实深怀感激。

学生如此富于多样性，其意义深远，是宝贵的强项。大学就应该具有这样的多样性基础，将每一名学生所拥有的故事与体验作为重要的学习资源。

无论我身在何处，脑子里总有一个挥之不去的疑问："在种族多样性的民主主义社会里，若想培养积极参与有利于社会发展行动的公民、特别是青年，该施以什么样的教育呢？"

美国创价大学的模范教学模式是一个明确的答案。

池田　谢谢。

SUA 的座右铭为："做生命复兴的哲学者""做和平合作的世界公民""做地球文明的开拓者"。

这是一所为 21 世纪、22 世纪、23 世纪，培养贡献于构建美好"人类共同体"领袖人物而创立的大学。赞同其理念的青年精英，从世界各国踊跃汇集而来。

假如单纯为了取得就业资格，他们本可以选择自己本国的传统大学。但是这些学生作为开辟人类新时代的开拓者，以崇高的使命感，挑战着提高自身的学问与大学的建设。我亦决心全力给予支持。

哈丁　实在是崇高。这在世界大学教育当中都是非常罕见的。"现在世上的工作，在 5 年或 10 年之后，未必仍具备和现在一样的价值。"我认为将这一点不断告诉学生是重要的。因此，我希望与其把目标定位在眼前的就业单位，莫如将精力倾注在自己能够发挥创造性，独自开拓谁都没有想到过的创造性事业方向上来。

池田　我们期待着，SUA 能够培养出真正的世界公民，展翅翱翔。希望培养出全心全意为民众服务的领袖、为和平与正义以勇气行动的领袖、为地球环境与生命多样性作出睿智贡献的新时代的领袖。

至此为止，以哈丁博士为首的美国的诸位有识之士、诺贝尔和平奖获奖者英国的罗特布拉特博士、贝蒂·威廉姆斯①女士等相继到大学来访，给学生们以很大激励。

哈丁　每次访问 SUA，我都得到很大的启发，特别是最近一次，这种感受尤为强烈。

我为什么要高度评价 SUA 呢？那是因为她是所"希望的学府"。是响应池田会长的号召，为追求人生的真正目的，来自世界各地的青年们汇聚的场所。他们不是单纯为教育和学位而来。

他们是为成长为使世界或各自的社会更加美好的世界公民领袖，为了向这样的目标挑战而聚集到这里的。

我曾与友人一道参加过 SUA 的研讨会。研讨会借助于世界著名电影《阿凡提》，围绕着"人的本质是什么"这一宏大主题展开了讨论。

我看见学生们对这一主题的讨论和思考都很认真。他们能以率真的态度直面这类问题，令我深受感动。

---

① 贝蒂·威廉姆斯（1943—　）：北爱尔兰和平运动家。"国际儿童关爱中心"创始人。1976 年，以幼儿牺牲案件为契机，号召北爱尔兰冲突的终结，组织女性进行"和平大游行"，唤起世界舆论的注意。其所致力的草根和平运动得到很高评价，曾获得诺贝尔和平奖。

这使我忆起我最喜欢的贵格教徒古老的表现，就是把信仰表述为"求道者的行动"。以我的经验而言，在 SUA 里，汇集着很多优秀的"求道者"。

池田 "求道者"——这是个打动人心的词汇。

我们想培育的世界公民，正是探索人类、生命与宇宙真理的"永远的求道者"；是战胜非正义争取正义之胜利的"永远的斗争者"；是在世界上铲除悲惨二字，争取民众之幸福的"永远的行动者"。

金博士的梦想，哈丁博士的梦想，还有我们的梦想，必将由为世界公民之使命而崛起的青年们去得到实现。

故而，我希望与哈丁博士一道，更加嘹亮地唱着《我们定会胜利》，共同开创青年的未来——我的决心坚定不移。

哈丁 是的。我的兄弟池田会长，我想引用最近听到的加拿大教育家克劳德·托马斯·比赛尔① 的话作为我们致青年的赠言。

超出他人认为是安全的范围，你更大胆挑战；

超出他人认为是普通的常识，你更赋予关心；

超出他人认为是一般的现实，你更持有梦想；

超出他人认为是可能的限界，你更富于期待。

---

① 克劳德·托马斯·比赛尔（1916—2000）：加拿大作家、教育家，多伦多大学第八任校长。

编后话：

本书为在月刊杂志《第三文明社》所连载《希望之教育　和平之行进——与马丁·路德·金的梦想同行》（2010年2月号—2011年5月号）基础上，进行部分修改·重新编辑而成。